KAWADE
夢文庫

語源501
意外すぎる由来の日本語

日本語俱楽部［編］

河出書房新社

身近な日本語に秘められた事実に驚く！——まえがき

われわれが日常使っている言葉の中に「しゃかりきになる」という表現がある。では、この「しゃかりき」って何？　と改めて聞かれると、はて？　と考え込んでしまう人がほとんどのはず。

「しゃか」とは釈迦、つまり、お釈迦さまのことだ。「しゃりきになる」とは、釈迦力ということ。お釈迦さまが衆生(しゅじょう)を救うために振り絞った、あらん限りの力、ようするに〝一生懸命に取り組んでがんばる〟ということだ。

さらに「藪(やぶ)医者」という言葉もある。じつは藪は当て字で、昔の人は「野巫」や「野夫」と書いた。では、なぜ「藪医者」と書くようになったのか、は本書を読んでいただくとして、このように身近な日本語にはたくさんの謎が詰まっている。

じつは他国の言語がルーツだったというものもあるし、カタカナ語でその逆もある。また、語源をさぐると、当時の人の暮らしぶりや考え方もよくわかるのだ。

本書は、そんな知的好奇心をくすぐる言葉を５０１集め、その成り立ちを探った。読むほどに、興味深いエピソードや意外な秘話に驚くこと、請け合いである。

日本語倶楽部

語源501 意外すぎる由来の日本語／もくじ

【INDEXもくじ】

あ行

か行

さ行

た行

な行

は行

ま行

や〜わ行

カバーイラスト●磯田裕子
本文イラスト●角愼作
●堀江篤史
●皆川幸輝
協力●橋本和喜

1章

ウソでしょ?! と驚く 大誤解の語源55

パンダ 意外や、中国語ではなくネパール語だった

数いる動物の中でも人気が高いパンダだが、正式にはジャイアントパンダという。中国・四川省などの高地に棲み、日がな一日、主食の竹を食べる。

にもかかわらず、ジャイアントパンダの「パンダ」は中国語ではなく、中国と隣接する国、ネパールの言葉で「竹を食べるもの」の意だという。

ジャイアントパンダは、ネパールにはただの1頭もいないのに、なぜネパールの言葉が世界的に認知されたのか?

じつはネパールには、別種類のパンダ、レッサーパンダが棲息する。こちらはアライグマやイタチの仲間で、体は小さく、体毛は茶色。

クマ科のジャイアントパンダとは似ても似つかないが、共通点は主食が竹であること、そして愛らしいことだ。

べそをかく 「べそ」はお腹にあるへそではない!

「叱られてべそをかく」といえば、子どもなどが今にも泣きだしそうな顔になること。この「べそ」を、「出べそ」の「べそ」と思い込んでいる人もいるが、それは間違いだ。

「べそ」は、押すことを表す「圧し」が由来である。「へし折る」などというときの「へし」で、たとえば、口を「へ」の字につぐんでいることを「圧し口」という。「べそをかく」は、この圧し口が訛っ

て「べそ」になったのである。

なお、「圧し口」をしてむくれている人のことを「へしむくれ」、あるいは「へちゃむくれ」という。

あかぬける

身体の「垢」ではなく…抜けるのは

野暮ったかった人が、しばらくぶりに会ったらずいぶん洗練されていた。そんなとき、周囲は「ずいぶんあかぬけたわねえ」などと褒めそやす。

「あかぬける」はふつう「垢抜ける」と書くが、もとは垢ではなく、「灰汁」のことだった。

灰汁は灰を水に浸してできた上澄み液のことで、藍染めに利用されたが、一般にはほうれん草やごぼうなどに含まれる渋味やえぐみのことをいう。調理する際に灰汁抜きをすれば「灰汁が抜ける」。この「灰汁」が転訛して「あか」になったようだ。

「あかぬける」の反対語は「あくが強い」である。独特の強い個性をいうが、野菜の灰汁などと違って、なかなか簡単には抜けてくれない。

旬

食べ物のおいしい「旬」の由来はグルメとは無縁だった

五月の上旬・中旬・下旬というように、「旬」は「10日」を意味する。また、魚や野菜・果物などの最もおいしい時期を「旬」という。

そもそもこの言葉は、古代の朝廷で行われた年中行事に由来し、「旬政・旬宴」の略だといわれている。

毎月の1日、11日、16日、21日、天皇は政事を聞き、臣下に酒宴を開かせた。この儀式を「旬」といい、平安時代中期以降は、4月1日と10月1日の年2回だけになる。旬は、やがて旬宴が中心になり、4月と10月の旬宴には季節の贈り物がくだされた。

このほか、内裏を新造したときの「新所の旬」、11月1日が冬至に該当するときの「朔旦の旬」、新天皇が即位後に初めて政務を執る「万機の旬」などが臨時に行われた。

つまり旬は、季節のものを賜った宮中行事の意から転じて食物の旬、さらに物事を行うのに適した時期の意味で使われるようになったのだ。

あきんど　もとは本当に「秋に来る人」だったって?!

商いをする人のことを「あきんど」という。今は漢字で「商人」の2字を当てているが、本来はそうではなかった。

かつて富山の薬売りは、年に1回、時期を見計らって各地の家々に薬を売り歩いた。昔の商売のやり方は、そのような行商か、一定の時期に市場で行うかがメインだった。

市を開く時期は秋で、農家の収穫時でもある。行商人は織物や都で流行の品々を背負い、それらを穀物や野菜などと交換した。そこから、秋荷う→商いという言葉が生まれた。

「あきんど」も、もとは「秋に来る人」の意で「秋人」と呼んだことに始まる。「あきうど」「あきゅうど」ともいうが、これは、狩人、仲人、蔵人などと同じで、音便など語形が変化したことによる。

缶詰 「缶」はなんと、オランダ語！

缶詰がこの世に初めて登場したのは、ナポレオンの全盛期。つまり18世紀末〜19世紀初頭で、遠征のための携帯用食料として考案されたのが始まりだ。

日本では明治4（1871）年に、長崎でフランス人から製法を学んだ松田雅典が、イワシの油漬けを製造したのが最初である。

ところで、この缶詰の「缶」という言葉、日本語のように思われがちだが、じつは外来語なのだ。オランダ語の「kan」がその語源で、ブリキ製の容器の意味。英語の「can」も同様の意味だが、「缶」のもとになったのは「kan」のほうだ。

缶の旧字である「罐」は小型円筒状の土器を示したが、缶詰が一般的になるにつれ、「缶」と書かれるようになった。

妹 もとは、姉も「いもうと」と呼ばれていた

姉が「これが私の妹よ」と下のきょうだいを紹介するのは、今の時代の人間からすれば、何の違和感もない。ところが、

古い時代には、「いもうと」の語は姉妹の間では使われず、もっぱら男の側から呼ぶときに使われた。

では、姉妹の間では、どう呼び合っていたかというと、姉を「このかみ」「あね」、妹を「おとうと」と呼んでいたのである。

妹は、妹人（いもひと）の音便。妹は、男の側から姉妹を呼ぶ語だったから、姉のことも「いもうと」と呼んだ。『源氏物語』（帚木（ははきぎ））に「わがいもうとの姫君は」とあるのは妹のこと。「いとよく似通ひたれば、いもうとと聞き給ひつ」とあるのは姉のことで、なんともややこしい。

さらに、男の側から恋人や愛人の女性を呼ぶときも「いもうと」といった。古代の人は、よくこれで人間関係を正しく把握できたものだと感心するほかない。

台風
中国語と英語の合体語「颱風」から今の表記に

今では夏前に到来することも多い「台風」。大災害を引き起こすこともたびたびだが、この語の由来はどこにあるのか。

じつは古い時代、台風のような気象現象を野分（のわき）（「のわけ」とも）と呼んでいた。「颱風」という呼称が使われたのは明治の末で、一般に普及したのは大正以降。当用漢字が定められた昭和中期に、「颱」に代えて「台」の字が当てられた。

そもそもなぜ、激しい風のことを「台風」と呼ぶのか。諸説あるが、有力な説は以下のようなものだ。

中国の福建省や台湾では、もともと「大風（タイフーン）」という呼称が使われていたが、これがヨーロッパに伝わる際、「typhoon」と音写された。それが再び中国や台湾に逆輸入され、「颱風」の表記が用いられた。

日本では、中国の颱風と英語の発音タイフーンを合体させて、「颱風」（のちに台風）の呼称を用いることにしたという。

ペケ マレー語の「あっちへ行け」が語源だって?!

「テストでペケがついた」「その案はペケ」「チェックしたらペケつけておいてね」など、ペケは「×印」「バッテン（罰点）」「ダメ」「不合格」などの意味で用いられている。

この俗語の語源は、マレー語のpergi（「あっちへ行け」の意味）とも、中国語の「不可（buke）」ともいわれるが、すでに幕末のころから現在の意味で使われていたようだ。

たとえば、『横浜みやげ　異国ことば』（1864年）には、「ものすてるをペケ、人をかいすをペケ、じゃまになるをペケ、うりかいはだんをペケ、きにいらぬをペケ」（『角川外来語辞典』より）とある。

とどのつまり とどは、動物のトドではなくて…

成長するにつれて名前が変わる魚を出世魚という。出世魚でよく知られているのはブリだが、その卵巣を塩漬けにして乾燥させた珍味「からすみ」がとれる「ボラ」も負けてはいない。

ボラはまずオボコからスタートし、次にイナと呼ばれるサイズにまで成長する。

そうして2歳くらいになって、初めてボラと呼ばれるようになる。

さらに2年ほどして4歳魚になると、今度はトドと名前を変える。もちろんアシカ科の海獣トドとは別物である。

さて、ボラはトドと名を変えてから産卵し一生を終える。つまりトドになれば、それ以上大きくなることはない。そこから「結局のところ」「果ては」といった意味の「とどのつまり」という言葉が生まれた。

サボテン その汁が「シャボン」のような働きをしたから！

日本にサボテンが伝わったのは、徳川家康の時代。メキシコから、ウチワサボテンの一種が届けられたのが最初だといわれる。

なじみのない姿をしたサボテンは、家康をはじめとして多くの日本人を驚かせた。寺島良安（てらしまりょうあん）の『和漢三才図会（わかんさんさいずえ）』では、サボテンについて次のようにコメントしている。

「身かと思へば枝、枝かと思へば葉、葉かと思へば実、まことに奇樹なり」

これと前後して、ポルトガルから日本に、石けんが伝来していた。石けんのことを、昔は「シャボン（sabon）」といったのだが、このシャボンがサボテンの語源である。

というのも、サボテンの汁には油や汚れを落とす性質があり、当時は洗剤として使われることが多かったからだ。

そのため「シャボンのよう」という意

味の「サボンてい」と呼ばれ、これが訛って「サボテン」となった。

焼き餅　もちはもちでも食べる餅とは関係ない

餅を焼くのは楽しいが、「焼き餅」を焼くのはあまり楽しいことではない。もちろん、ここでいう焼き餅は「嫉妬」という意味だ。

嫉妬の「妬」は、ねたむ、そねむのほかに「やく（妬く）」とも読む。「焼き餅」は、これに「やく（焼く）」を掛けてできた言葉で、「餅」は単に「くっつきやすい」という洒落でくっついたといわれている。

もう一つの説は、恋人がほかの人間と仲良くしているのを目撃したとき、まるで餅を焼いたときのように頰がぷーっと膨れることがある。そんなことから、「焼き餅」の語源はここにあるとするもの。が、こちらはいささか信憑性に欠ける。

地団駄を踏む　本来は悔しがる言葉ではなかった

悔しがって足を踏み鳴らす様子を指して「地団駄を踏む」と表現することがある。踏まれる「地団駄」とは何のことなのか、首をかしげても、頭をひねっても答えは浮かんでこない。

「地団駄」は、じつは「じだたら」を言いやすい形に変化させた言葉で、語源は「たたら（踏鞴）」にある。「たたら」というのは鍛冶屋が使う鞴（金属を精錬・加工する際に必要な空気を送り込む送風器）のことで、とくに地面に設置した大きなたたらを「地たたら」という。

これを踏むには、全体重をかけて激しく足を動かさなければならない。その踏み込む様子が「悔しがって地面を踏む」動作に似ているところから「地団駄を踏む」というようになったのである。

もともとは、労働にいそしむ姿を表した言葉だったのだ。

今川焼き 戦国大名・今川氏は何の関係もないって?!

今川焼きは、水溶きした小麦粉でアンコやカスタードクリームなどを包んで焼いた和菓子。地域によって太鼓焼き、黄金焼き、回転焼き、二重焼き、巴焼き、御座候など異なる名称がある。

たとえば、太鼓焼きは太鼓のような形をしているから、黄金焼きは黄金色に焼くからと、その形や色・作り方などが由来になっているネーミングは、じつにわかりやすい。

では、今川焼きはどうなのだろうか?何となく戦国大名の今川氏を思わせるが、実際には何の関係もない。

江戸の神田に今川橋という橋があり、そこで売っていたからこう呼ばれたらしい。この菓子の誕生が江戸時代も末期のことというから、桶狭間で織田信長と戦った今川義元は、見たこともなかったはずである。

自画自賛 自惚れの意味ではなかった！

「おれってもしかして天才？」。自分がしたことや自分で作った作品に、そんな自慢めいた言い方をする人がいる。

「自画自賛」は、何事であれ、自分で自分を褒めそやすことをいう。しかし、この言葉はもともとそうした意味をもっていたわけではない。

この語源は、鎌倉〜室町時代にかけて中国から入ってきた水墨画の様式にある。人物画や山水画には絵の余白にその絵に関した詩歌や文章を書き添える習慣があり、これを「賛（さん）」といった。

ふつう、賛は絵の描き手とは別の人が書くのだが、中には自分で画（絵）を描き、同時に賛も書く人がいた。これが本来の「自画自賛」である。

賛にはもともと「讃（たた）える」という意味があることから、しだいに自らを褒める→自ら悦（えつ）に入（い）る、という現在のような用いられ方になった。

さわり そもそもは「さしさわり」という意味だった

「ほんのさわりだけ歌わせてもらいます」。そういって導入部分だけをチョロッと歌う人がいたら、「さわり」の意味をきちんと理解していないことになる。

「さわり」は、歌の聞かせどころ、映画の見せどころなどを意味する言葉で、表面的な部分にさらっと触るといった解釈で使うのは誤りだ。

もちろん、「さわり」は「さわる（触る）」の名詞形だから、この意味で使うのは間違っていないのだが、要はその触る場所が問題なのだ。触るべきは、表面的な部分ではなく、人に強いインパクトを与える主要部分なのである。

「さわり」という言葉は、もともと義太夫浄瑠璃の世界で使われていた。面白いのは、本来の語源が「さしさわり（差し障り）」にある点だ。

義太夫浄瑠璃では、その聞かせどころの部分に、文弥節や土佐節など、義太夫節以外の節回しを取り入れた。そして、このことが「他流に障る」ということで「さわり」という言葉ができたのである。

いわば、著作権法に「ふれる」部分が「さわり」になったようなものか。

はにかむ

いったい何を「噛」んでいた？

恥じらいを表現する言葉の一つに「はにかむ」がある。漢字では「含羞む」と書かれるため、「恥じらいを含む」ということ。「図々しい」の反対だから、決して悪い言葉ではなさそうだ。

ところが、語源に目を転じると、そんなイメージが大きく変わるかもしれない。じつは「はにかむ」は「歯に噛む」と書き、本来は「歯が重なって生える」ことを意味した。

重なって生えるとは、不揃いであるということ。ちょっと口を開けただけでも、歯がむき出しになる状態だ。

「出っ歯」というと聞こえはよくないが、

逆にこれが、照れ笑いや恥じらいの表情に見え、「はにかみ屋さん」といった好意的な表現も生んだのだ。

道楽 仏道で得た悟りの楽しみのこと

仕事もせずに遊びほうけている息子のことを「どら息子」という。この「どら」は「道楽」からきたものである。

道楽者はとかく酒や賭け事にうつつを抜かしたり、女色に耽ったり（女道楽）することから、「道楽」という言葉は、あまり好ましくないニュアンスで使われることが多い。

しかし、本来は「道を解して耽り楽しむ」という意味の仏教用語で、たとえば、仏教の経典『阿育王経』の中に見える「今すでに道楽を得」の道楽は、108とも8万4000ともいわれる煩悩の一切を断ち切って得た「悟りの楽しみ」ということなのである。

藪医者 もとは「野巫」だったのに藪と書くわけ

診断能力や治療技術の劣る医者のことを「やぶ医者」という。漢字で「藪医者」と書くが、藪は当て字で、もとは「野巫」と書いた。

野巫とは草野の巫医、つまり正式の医者ではなく、呪術とまじないを用いて不適切な治療を施す田舎住まいの霊能者を指す。都では通用しなくても、治し手のいない田舎でなら何かと重宝がられる。

それをあざけって、「野夫」（田舎のお

やじの意）とも書かれた。「藪」の字が当てられるようになったのは、藪をかき分けていくほどの草深い田舎に住んでいたことによる。

四股　その語源は「醜足」だがなぜみにくいのか？

日本の国技の一つといわれる大相撲。相撲を観る楽しみは、土俵上の取り組みはもちろん、立ち合う前の力士の所作にも多くの見どころがある。その一つが「四股」だ。

その四股の語源は、醜足（しこあし）↓略して醜（しこ）にある。美しくほれぼれとすることもあるのに、なぜ「醜」の字を当てられたのか。それは「醜」に強く恐ろしい、たくましい、頑丈という意味があったからだ。

たとえば『古事記』には、武（たけ）く勇ましい男として「葦原醜男（あしはらのしこお）」の記述が見える。つまり「しこ」とは本来、相手を踏みつぶさんばかりの力強い動作を表す言葉だったのだ。

「しこ」には、大地を強く踏みしめて邪気を払い、五穀豊穣・無病息災を祈願する宗教的な意味合いもある。また「醜」には、自分を卑下する意もあることから、力士の醜名（しこな）は、自らをへりくだっていったもののようだ。

退屈　最初に「たいくつ」したのはお坊さん?!

「♪金のあるときゃ暇がない　暇があるときゃ金がない」（『九ちゃん音頭』）ではないが、お金はともかく、暇がありすぎるというのも考えもののようだ。

暇をもてあますことを「退屈」というが、この「退屈」という言葉、もともと仏教語として使われていた。

仏教には修行がつきもの。僧をめざす者は、戒律に従って肉体的にも精神的にもさまざまな修行に耐えなければならないが、現実にはその苦しさに耐えかねて尻込みする者が多くいた。

この尻込みの状態を「退屈」といい、そこから、気持ちが萎（な）える、嫌になる、さらに今日のように「やるべきことがなくて時間をもてあます」「飽（あ）きる」という意味で用いられるようになった。

退屈しのぎに何かを学ぼうなどという動機では、何事も大成できないということだろう。

燈台もと暗し

岬の灯台のことではなかった

「燈台もと暗し」と聞いて、「東大は昔、電気がなくて暗かったんだ」と勘違いした人もいたようだ。しかし、この人を笑うわけにいかない。なぜなら、多くの人が「燈台」を岬の先端などに立つ洋式灯台と勘違いしているからだ。

燈台は、昔の室内の照明器具で、油を入れた皿をのせたり、ろうそくを立てたりした台のこと。いわば、燭台（しょくだい）のようなものだ。燈台に灯芯を使って火を灯（とも）すと、

明かりは辺りを照らしても、すぐ直下は陰になって暗い。

それが「燈台もと暗し」で、ここから、自分の近くのことはかえってわかりにくいという意味に使うようになった。

けりをつける

「蹴り」ではなく、古語の「〜けり」だった

任侠（にんきょう）映画には「けりをつけようじゃねえか！」と、すごんでみせるシーンが登場する。そのせいか、「けり」とは「蹴りを入れる」というときの「蹴り」だと独り合点している人もいるようだ。

だが「けりをつける」とは、正しくは物事の決着をつけることをいう。

古来、俳句や和歌では、「〜けり」と、文末に助動詞の「けり」を使うことが多かった。そのことから、「ハイ、これでおしまい」といいたいとき「けりをつける」といって、しゃれたわけである。

また、琵琶（びわ）の伴奏つきで語られる『平家物語』などの平曲（へいきょく）（語り物）では、出だしが「そもそも」、終わりが「けり」であることから、「けり」は平曲に由来するという説もある。

バネ

外来語と思いきや日本語の「跳ねる」から

「バネ」は漢字で書かれることがほとんどないので、外来語と思っている人も多いようだが、れっきとした日本語である（ちなみに英語では「spring」）。

バネを漢字に直すと、「弾機」「発条」「発弾」「発条」になるが、語源は別のと

ころにある。

バネの語源は、「はねる(跳ねる)」の名詞形の「はね(跳)」か、「はねる」の音が「ばねる」に変化して名詞化したものと考えられている。

バネの弾力性を表しているわけだが、確かにホッピングに乗ってぴょんぴょん遊んでいるときは、バネの弾力がダイレクトに体に伝わり、まさに跳ねていると感じられる。となれば、先に紹介した「弾機」の字が当てられるのも納得だ。

あわを食う この「あわ」は泡ではない

「パソコンで企画書を書いていたら、とつぜん停電になって、あわを食ったよ」というときの「あわ」。「泡」だと思い込んできた人が、当て字だと聞けば、あわを食うかもしれない。

あわは、「あわつ」の語幹で、慌てるという意味の文語。「慌つ」、「狼狽つ」、「周章つ」などの漢字を当てるのが一般的だ。「食う」は、肘鉄(ひじてつ)を食うなどの用法と同じで、出会う、出くわすの意味である。

しかし、一方で「あいつに、ひとあわ吹かしてやりたい」というときの「あわ」は「泡」が正しいようだ。

「あわを吹かす」とは、不意打ちにして相手を驚かせ、慌てさせることをいうが、人間、不意打ちを食らって打ちのめされれば、時に口から泡を吹く。そのくらいに手ひどくやるので「泡を吹かす」というのだという。

そんな事態になれば、あわを食って救

急車を呼ぶことになるのだろう。

浮世 もとはつら〜い世の中のことだった

円満な関係を築くためには少々の労を惜しんではならない。これを「浮世の義理」という。

この「浮世」という言葉だが、ルーツは江戸末期の僧侶で『仮名草子』を書いた浅井了意（りょうい）が『浮世物語』で使ったことにある。

「うき世」という言葉はその前からあったが、それは「憂き世」（つらく苦しい無常の世）という意味で使われていた。しかし了意は、今でいうイノベーションを起こす。

「はかないこの世、どうせなら面白おかしく楽しむべきだ」という意味の「浮世」とした。この新語は、町人たちを中心にもてはやされ、流行語になったという。

そこから「浮世」は、この世の中、世間、人生という意味に使われ、また、浮世絵や浮世話などのように、ほかの語の上について、当世風や好色の意味も表すようになった。

円 お金が「まるい」からこの字になった？

一円、五円、十円、五十円、百円と、コインを手に取って眺めてみれば、なるほど、お金とは円（まる）いものだと思う。しかし、「円いから円なのだろう」と早合点するのは禁物である。じつは「円」を貨幣の総称に使ったのは、日本より中国が先だった。

18世紀ごろの中国では、銀塊を中国銀貨としていた。このころ、中国と日本にはメキシコ銀貨が入ってきており、中国ではメキシコ銀貨の円形を指して「銀円」と呼んでいた。

その後、中国も円形の銀貨を造るようになったが、円の正字「圓(yuan)」は画数が多いので、同音の「元(yuan)」を貨幣の呼称に使い、「銀元」とした。日本もそれにならって銀貨を発行したが、この際、「元」のもとの意味の「円」を呼称としたのである。

そして明治時代になって、通貨の単位は「円」を基準とすることが決定され、流通していた両・分(ぶ)・朱は回収されて貨幣制度が整備された。

片腹痛い

「かたわら」の人が「いた」たまれなくなるから

『枕草子』に「かたはらいたきもの」という段があり、清少納言はこれに該当する事例を列挙している。

①愛しい人が酔って同じことをくどくどしゃべる、②本人が聞いているとも知らず、その人の噂をする、③学問教養のある人の前で無学な人が知ったかぶりで話す、などだ。

この「かたはらいたきもの」を現代語訳して漢字を当てはめれば「片腹痛い者」となる。では「片腹痛い」とはどんな意味なのか。

字面(じづら)から「わき腹が痛いの?」と思うかもしれないが、もちろんそうではない。

肉体の痛みではなく、心理的にいたたまれなくなる気持ちを表す言葉なのだ。

「かたはら」は今でこそ「片腹」と表記されるが、もともとは「傍(かたわら)」と書いた。

したがって「片腹痛い」も「傍痛い」と書くのが正しいのだが、中世以降、間違って「片腹」の漢字が当てられ、長く誤用が続いてきたのである。

雪崩(なだれ) 読んで字のごとくではなかった

登山愛好家やスキーヤーにとって、雪山は何にも代えがたい魅力をもつものらしい。だが一方で、雪山はしばしば「雪崩」を引き起こし、遭難などの悲劇を巻き起こす。

「なだれ」は、雪が崩れ落ちるから「雪崩」と書くと思われがちだが、じつは、イメージから当てられた字で、もとの意味は違った。「なだれ」の語源には大きく三つの説がある。
①雪が長い距離を崩れ落ちていくから「長(なが)垂(た)れ」が縮まって「なだれ」。
②雪が山の傾斜面を斜めに落ちていくから「斜垂(なだ)れ」。
③「な」は土や土地を表し、それが垂(た)れ落ちるから「な垂(だ)れ」。
どれももっともらしいが、これだという決め手はない。

ゴルフ その語源は発祥の地スコットランドにあらず?

ゴルフというスポーツが日本に入ってきたのは、20世紀初頭のこと。明治34(1

９０１）年に、神戸市の六甲山に作られた神戸ゴルフ倶楽部が最初とされる。ただし、これは外国人向けで、日本人のためのゴルフ場は大正２（１９１３）年に東京に作られたのが始まりだ。

　そんなゴルフのふるさとは、イギリスのスコットランドである。15世紀半ばには、すでにゴルフと呼ばれていたようだが、その語源は二つある。

　一つは、もともとスコットランドに、小石を杖で打って飛ばす遊びがあり、これを「ゴウフ（gowf）」といっていたのが、訛（なま）ったという説。もう一つは、オランダに今のアイスホッケーに似た球技があり、これを「コルフ（kolf）」といっていた。それがスコットランドに伝わって、ゴルフになったという説だ。

一張羅　じつは謙遜する言葉ではないって?!

「○○さんのお着物、すてきね」

「いいえ、一張羅なのよ」

　このように「一張羅」は日常よく使われる言葉。もっている衣服の中で、最もよいものという意味だ。しかし本来の意味は違った。

　かつて、一張羅は「一挺蠟（いっちょうろう）」といった。一挺蠟は一本のロウソクという意味で、電灯のない時代には非常に貴重なものとされた。その「いっちょうろう」が訛（なま）っ

てきたのが「いっちょうら（一張羅）」なのだ。

「一張」は、弓や袈裟などを数えるときに使う言葉で、「羅」は、薄く織った絹を指す。したがって、本来は、ほかに代わるもののない、上等な着物という意味だった。

しかし一方で、冒頭のように、晴れ着らしい着物は、これ一枚しかなくて……と自ら謙遜の意味で使う場合もある。

一張羅というときは、異なる意味を意識して使うようにしたい。

きもいり

「肝入り」ではなく「肝煎り」と書くわけ

熊本民謡の『おてもやん』に「村役、とび役、きもいりどん」という一節が出てくる。

この「きもいり」は、並々ならぬ尽力で世話をする（人）、間に入って取り持つ（人）という意味で、「社長のきもいりで結婚しました」などのように用いる。

さて、この「きもいり」を「肝入り」と書いてあるのを見かけるが、これはやはり「肝煎り」でなくてはならない。

よくわからないという人は、ごまを煎ってみるといい。ごまを煎るには時間がかかり、煎りすぎると風味が失われる。つまり、世話や斡旋と同じで、肝を煎るかのように根気と注意が必要な仕事なのである。

「肝煎り」は「肝を煎る」と動詞で使うこともある。この場合、やきもきする、腹が立つといった意味ももつ。

進退きわまる

漢字で「窮まる」と書かない納得の理由

「進退きわまる」とは、行き詰まってどうにもならない窮地に追い込まれることをいう。では、この「きわまる」を漢字で書くとどうなるか。

窮地に追い込まれるのだから、「窮」の字を当てたいところだが（実際、「進退窮まる」と表記する例は多い）、本来は「谷まる」と書くのが正解である。

この言葉は、中国最古の詩篇『詩経』にある次の詩から出ている。

「彼の中林を瞻るに、甡甡たる其の鹿、朋友已に譖し、胥ひ以に穀からず、人亦た言う有り、進退維れ谷まる」

林の中では鹿が群れて仲良くしているのに、朝廷では仲間が偽り合って仲たがいしている。こういうのを「どうにもならない状態」というのだなあ……という意味の詩だ。

実際、谷に落ちてしまうと身動きがとれなくなり、にっちもさっちもいかない。そのような状況をたとえて「進退谷まる」というのである。

肴

おつまみの意味だけではない

「今日は何を肴に一杯やろうか」。晩酌を欠かさない飲兵衛の頭の中は、四六時中そんな思念で満たされている。

さて、その肴、よく「酒の肴」という言い方がされるが、厳密にいえば、これは間違い。「肴」だけで酒のつまみを意味するからだ。

「肴」とは酒に添えるもので、もとは「酒菜」と書いた。酒に添えるといえば魚や肉・野菜などを連想するが、昔は引出物の服飾品や武器、歌謡や舞踊など酒席を盛り上げる娯楽などもそれに含まれた。

ところが、服飾品などは引出物として、歌謡や舞踊は芸能としてそれぞれ独自に発展して「肴」から離れていき、副食物のみが残った。

その副食物の中でとくに酒と相性のいい魚が好んで食べられたことから、江戸時代以降、魚を「さかな」と呼ぶようになった。

ちなみに、それまで「魚」は「さかな」ではなく、「うお」と呼ばれ、その名残（なごり）は今も関西地方に見られる。

がめ煮　豊臣秀吉がかかわる意外な語源とは？

同じような料理でも、地方によって異なる呼び方があるものだ。たとえば、鶏肉に大根・人参などの根菜類を加えて炒め煮した料理は、一般に「筑前煮（ちくぜんに）」と呼ばれるが、九州の博多ではこの料理を「がめ煮」と呼ぶ。

変わった名前だが、なぜこんな名前がついたのか。答えはいたって単純で、「さまざまな材料をがめつく鍋に放り込んで煮込むから」。ゴッタゴタに煮込むから「ごった煮」というのと同じ理屈だ。

しかし、「がめ煮」にはもう一つ珍説がある。豊臣秀吉が朝鮮出兵の際、軍を博多に野営させた。そこにはスッポンがたくさんおり、兵士はこれを捕らえ、野菜とごった煮にして食べたという。

そしてスッポンの別名が「どろがめ（泥亀）」だったことから、この主役を料理名に使ったというのだ。

のちにスッポンは高級化したため、庶民は手頃な鶏肉を用いるようになったという。

幕の内弁当

おむすびがメインの弁当と相撲の小結の関係

「幕の内弁当」は、江戸時代の末、現在の日本橋人形町の万久（まく）という店が、おむすびに副食物を添えて出したのが始まりである。

だが、主役のおかずが定かでない弁当を、なぜ「幕の内」というのか？

幕の内弁当は、しいていえば小さなおむすびが主役。そこで相撲の小結に引っ掛けて、「幕内力士が食べたから、幕の内」という説がある。また、「万久という店が出したから」という専門家もいる。

いずれももっともらしいが、有力視されているのは、「芝居の幕間（まくあい）に食べたから」という説。

それも観客だけでなく、役者も幕間のわずかな時間に、幕の内側で食べたからだという。芝居の仲間うちで使われた言葉で、役者を「幕の内」と呼んでいたことも関係がありそうだ。

当時の副食物は、玉子焼き、焼き豆腐、野菜の煮つけといったところ。弁当の定番・玉子焼きは、このころから変わらないようだ。

細君　他人の奥さんをこう呼ぶと失礼になる?!

「とにかく結婚したまえ。良妻なら幸福になれるし、悪妻なら哲学者になれる」とはソクラテスの名言だ。ここに出てくる「悪妻」は、「愚妻」とともに、自分の妻をへりくだっていう分にはいいが、他人の妻を指して使うのは失礼になる。

ところが、「彼の細君がね」といったとき、「そんな失礼な言い方はよせ」とは誰もいわない。むしろ、少々大人びた丁寧な言い方だと思われているふしがある。

しかし「細君」とは本来、かなり失礼な言い方だ。この「細」は「小さい」「さいさいな」「小者」という意味で、悪妻や愚妻と同じように、本人が自分の妻をいう際に謙遜して使う語なのである。

食生活が豊かになり、妻も大型化して実質的な意味で「細君」ではなくなったが、そうはいっても間違った使い方は避けたいものだ。

お裾分け　「どうでもいい物」という意味だった

手土産などを手渡すとき、「つまらないものですが」という人は多い。「つまらないものならいらないよ」と突き返されることはないが、へりくだりすぎて現代ではお勧めできない言い回しだとされる。

では「ほんのお裾分けですが」は、どうだろうか。どちらかといえば丁寧な言葉のように聞こえるが、そうではない。語源から考えると「お裾分け」は、案外失礼な言葉なのである。

「お裾分け」の裾とは衣服の下の端をいう。つまり、「下っ端」「どうでもいい部分」「余り物」というのが本来の意味。だから、「ほんのお裾分けですが」といって渡すのは、「どうでもいい物だから差し上げましょう」という意味になってしまう。

とはいえ、受け取る側は「つまらないもの」も「お裾分け」も一種の謙譲語だと、よいように受け止めて恐縮しておくのが大人のたしなみというものだ。

もてなし　単にごちそうすることにあらず

ビジネス界などでは、「接待」はおろそかにできない要素であることは確かだ。

もてなされるのが嫌いな人はいないから、商談に手心を加えたくなるのも当然だろう。ただし語源からすると、単に料理や酒を出すことだけでは、もてなしたことにはならないようだ。

「もてなし」は、かつて「持成」と書き、人や物事に対するふるまいや処遇の仕方を意味した。つまり、料理を出して実質的に満足させるというよりは、教養ある態度で相手と接するという意味合いのほうが強かったわけだ。

また、美化語の「お」をつけた「おもてなし」は、「表裏なし」に通じる。この点からすると、本当のもてなしというのは、裏表のない心で客を接待することになる。こうした精神を忘れて乱痴気(らんちき)騒ぎをしているようでは、批判されても仕方がない。

おきゃん

むしろ男性に使う言葉だった！

活発で慎みのない女性を「おきゃん」という。きゃんきゃん騒ぐからこう呼ばれるのかと思っていたが、この「きゃん」、かつてはれっきとした意味をもつ言葉だったのである。

「きゃん」に漢字を当てると「俠」。俠客（きょうかく）などの言葉で知られるこの「俠」は、漢音では「きょう」と読むが、唐音では「きゃん」と読む。そしてその意味は、勇み肌、意気に富む、粋（いき）など、俠客とほぼ同じだった。

江戸時代は、男女の別なく「きゃんな奴」などといっていたが、明治時代に入ると、「きゃん」に接頭語の「お」がついて、女性だけに対して「○○ちゃんはおきゃんだね」などと使われるようになったのだ。

女性だけといっても、幼女には使わず、適用範囲は10代半ばから20代半ばといったところ。近年はしかし、耳にする機会も減った。

封切り

映画などに使われるが江戸時代からあった語

「封切り」と聞くと、新作の初公開を意味する映画特有の言葉？　と思うかもしれない。

仮に映画用語だとすれば、日本で初め

て神戸で上映された明治29（1896）年以降に生まれた言葉ということになるが、そうではない。「封切り」という言葉は江戸時代からすでにあり、そもそもは書籍用語だった。

当時の本は貴重品で、人気本はとりわけ気をつかって丁寧に扱われた。たとえば『春色梅児誉美（しゅんしょくうめごよみ）』で知られる為永春水（ためながしゅんすい）の新刊本なども、汚れぬよう袋に入れて販売された。

そのため、新刊本を買って読むときはいの一番に袋の封を切る必要があった。これが「封切り」の語源である。

映画の場合、封印された新作フィルムの封を切って映写機にかけたことが「封切り」の始まりで、その名前は今日も命脈（めいみゃく）を保っている。

あばらや

ずばり廃屋のことではなかった!

家は、長く放置されると屋根が崩れ、壁にひびが入り、窓が割れ、ツタが絡まり……と、人の住めない状態になる。

そんな荒れ果てた家を見れば、たいていの人は「あばらやじゃないか」という。しかし、「あばらや」というのは、意味のうえでも語源的に見ても、必ずしも廃屋とは限らないのだ。

「あばら」には、「荒ら」か「疎ら」の二通りの書き方がある。

前者の場合は、確かに家などが荒れた状態を指すが、後者の場合はまばらと同じで、隙間が多い様子を表す。だから、隙間のある肋骨（ろっこつ）のことを「あばら骨」というのだ。

イクラ ロシア語で卵全般をこう呼んだのを誤解した

英語やほかの言語に比べて、ロシア語はなじみが薄い。しかし、いくらなじみが薄くてもイクラはご存じだろう。そう、イクラはロシア語由来の言葉である。

それも、ロシア語では、魚の卵のことをみなイクラと呼ぶのだそう。つまり、スケソウダラのタラコも、チョウザメのキャビアもみなイクラというわけだ。

もともと日本人は、サケの卵を食べる習慣はなかった。しかし、ロシアとの交流が始まり、あるときロシア人がサケの卵をうまそうに食べているのを指して、「これは何だ?」と聞いたところ、「イクラ」と答えが返ってきた。

それで、サケの卵のことをイクラというのだと誤解し、今日に至っているというわけだ。

左官 壁を塗る職人をなぜこう呼ぶのか?

建物の壁や床、土塀などを、こてを使って塗り仕上げる職人を左官という。

左官のいわれは、古く律令制度にさかのぼる。律令制度には四等官制度が敷かれており、トップが「長官(かみ)」、以下「次官(すけ)」、「判官(じょう)」、そして最下位が「佐官(さかん)」だった。

佐官とは「官を佐(たす)ける」という意味で、当時は役所によってさまざまな字が当てられていた。その中で、宮中の修理を請け負う壁塗り職人を木工寮(もくりょう)(今の国土交通省のようなもの）の「左官」に任じて、出入りを許可したのがその由来である。

つまり、左官は立派な官位の名だったのだが、これが職業名に転じ、現在に至っているのだ。

へぼ　その語源は「平凡」にあった

将棋の手合わせのときに「私のはへぼ将棋でして」とへりくだる人がいる。

「へぼ」とは、いうなれば「へたくそ」という意味だが、この語源が「平凡」であることは意外と知られていない。「へいぼん」から「い」と「ん」をとって、江戸末期から使われていたようだ。

「へぼ」は、名詞にくっついて、技術の未熟さや劣った状態を表す。手術がへたなら「へぼ医者」、へなちょこな侍は「へぼ侍」である。

人間ばかりではなく、きゅうりにつければ「へぼきゅうり」。こちらは、うらなりの出来の悪いものを指す。

世間の俗語を収録した江戸末期の国語辞典『俚諺集覧（りげんしゅうらん）』では、弱いことや意気地がないことを意味する言葉として「へぼい」を載せているが、「へぼ」の語源としては、根拠は薄いようだ。

長野や岐阜、愛知の人なら食べる「へぼ」のほうがなじみ深いかもしれない。へぼ飯の材料になる蜂の子である。

ガタピシ　擬音語ではなく仏教用語の「我他彼此」から

ガタピシは、建てつけや家具のとりつ

けが悪いときや、人間関係や組織がうまく機能していないときなどに使われる。擬音語（オノマトペ）のようだが、じつは仏教用語の「我他彼此（だたひし）」がもとになっている。

「我他」は自分と他人、「彼此」は彼と此で、対立している関係を表している。そこから、物事がうまく嚙み合わず、衝突や摩擦が生じている状態を「ガタピシ」というようになった。

戸の建てつけが悪いことを「ガタピシしている」というのも、うまく嚙み合わないことからきたもので、ガタピシという音がもとになったわけではない。

また、「ガタがくる」や「ガタガタいうんじゃない」の「ガタ」も、「我他」が語源だと考えられている。

ポシャる
擬音語ではなくフランス語由来

計画などが途中でつぶれてダメになることを「ポシャる」という。「水にポシャッ（と落ちる）」などの擬音語かと思うが、じつは頭にかぶる帽子の「シャポー」からきている。シャとポを逆さにして「ポシャる」になったのである。

原語はフランス語の「シャポー」で、明治維新のころに日本に入ってきた。頭にかぶるものには、昔から人間のプライドが込められており、これを脱ぐ＝脱帽は、「降参」「あなたに敬服します」を意味した。

日本にも「かぶとを脱ぐ」という同じ意味の表現がある。

この「シャポー」が逆さまになって「ポシャる」になると、もとの意味も反転する。成功してみんなが脱帽すると思っていた計画が、途中であえなく頓挫してしまうのである。

往生　単に死ぬことではなかった！

天寿をまっとうした人を見送るとき、「大往生でした」という言い方をよくする。「往生」とは死ぬこと。ほとんどの人がそういう認識だ。

しかし、仏教でいう往生は、本来、阿弥陀如来の極楽浄土に往って生まれ変わることを意味した。死んで「ハイ、おしまい」ではなく、その先にある来世で再生して、現世よりも幸せな生活を送ることを含んでいたのだ。

もちろん今は、お坊さんを除けば、そんな深い意味を踏まえてこの言葉を口にする人はまずいない。

「酒ぐせが悪くて介抱するのに往生したよ」というように、ひどく困った、死ぬほど閉口したという意味で使われる。

暖簾に腕押し　意外や、昔からある遊戯と関係があった

「息子に勉強しろといっても暖簾に腕押し。今日もゲームばかりしている」とは、全国から聞こえてくる親の嘆きである。

「暖簾に腕押し」の暖簾は、屋号などを染め抜いて店の入り口などに垂らす布のことで、家庭でも部屋の仕切りに使われている。

一方、腕押しは、単純にいえば腕で押すことだが、じつは、「腕相撲」の意味もある。遊戯として平安時代から行われており、「手返し」とも呼んだ。

やり方は今と同じで、ひじを床などにつけ、互いの手を組み合わせて力を競う。相手にこちらと渡り合う力があれば手応えを感じるが、そうでなければ張り合いがない。

ここから、力を入れて働きかけても何の手応えもないことを、暖簾を押すときの感覚にたとえて、「暖簾に腕押し」というようになった。

黒山の人だかり

みんなの頭が黒いから…ではない

人が大勢集まっていることを「黒山のひとだかり」と表現するのは、黒い頭が集まっているからでも、黒服の一団だからでもない。

この場合の「黒」とは、山のように人が集まっていることの異様さや不気味さを表現したものだといわれている。

黒(くろ)は「暗(くら)」と同源の言葉で、「闇」にも通じる。これらはみな、人の不安をかき立てる要素である。

昔の人は、人だかりを見て、そこにただならぬ気配を感じとったのかもしれない。そこで「黒山」という語を用いてその不安な心理を表現したのだろう。

スーパーの投げ売りに黒山の人だかりができるのも、買わなきゃ損という不安な心理が働くからだろうか。

おざなり 「お座敷なり」が縮まってできた言葉だった

その場しのぎのいい加減な仕事をすると、「そんなおざなりな態度じゃ駄目だ」と注意されるものだ。

「おざなり（お座なり）」は「お座敷なり」が縮まってできた言葉で、芸人がその日のお客と、お座敷の場にふさわしい芸を披露したことを指した。

座敷にふさわしい芸といっても、誰もがおいそれとできるものではない。中には、片手間なあしらいをして、目の肥えた客を満足させられない芸人もいたようだ。そこから、当座を繕（つくろ）うことや、その場限りのいい加減なやり方を「おざなり」というようになった。

「おざなり」は「なおざり（等閑）」と似ているのでよく混同されるが、違いはちゃんとある。

「おざなり」はいい加減であっても、一応することはする。「なおざり」はいい加減で、するべきこともしない。おわかりいただけただろうか？

新巻鮭 もとは「藁薪鮭」だったって?!

お正月の風物詩といえば「新巻鮭」という人も多いだろう。「新巻鮭」は鮭の内臓を取り除き、塩漬けにして干した保存食。平安時代には作られていたようだが、庶民が口にするようになったのは江戸時代からといわれている。

昔は「新巻」ではなく「藁薪（わらまき）」といった。明治時代に鉄道などの輸送手段が発達するまでは、北海道から全国の消費地まで運ぶには、相当な日数がかかった。そこで、塩漬けにした鮭を藁で包み、これを「藁薪」と呼んで運んだ。

また、それが新しい方法でもあったので、「新巻」といわれるようになったとされる。

語源についてはほかに、①荒縄で巻いたから「荒巻」、②粗く塩を振ったので「粗蒔」、③新しい藁で巻いたので「新巻」、④新鮮な鮭を用いたので「新巻」など、諸説ある。

お歳暮の風習が庶民に普及した江戸時代後期になって、「新巻」の字が定着したようだ。

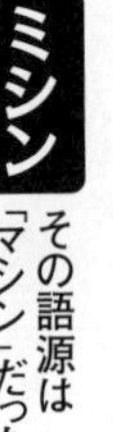

その語源は「マシン」だった

もともとミシンは、明治初期に「ソーイングマシン（sewing machine）」と呼ばれていた。が、これでは長くていいにくいと「マシン（machine）」になり、アメリカ流の発音をまねて「ミシン」と呼ばれるようになった。

一方、機械全体を指す場合は、同じ「machine」という綴り（つづ）なのに「マシン」にしてしまったのだから、日本人の発音はいいかげんなものだ。

このように、一つの外来語を意味によって呼び分ける例は多い。「二重語」というが、以下その例を挙げる。

「アイロン」と「アイアン（ゴルフ）」。

「シーツ」と「シート」。

「ストライキ」と「ストライク（野球）」。

「トロッコ」と「トラック」。

「セカンド」と「セコンド（ボクシング）」。

これらの違いには、英米での発音の違いによるもの、欧米人の発音を忠実にまねたことによるもの、単語の綴りからカタカナに直したことによるものなど、種々のケースがある。

外国人からは不思議がられているが、結果的にもとの単語のもつ複数の意味を区別するのに役立っている。

ただし、ガラスとグラス、コップとカップ、ゴムとガムは、二重語とはいわない。それぞれ、前者はオランダ由来の、後者はイギリス由来の別の語源をもつ言葉である。

メリーゴーラウンド

「メリー」は女の子の名前じゃない

遊園地で定番の乗り物といえば、メリーゴーラウンド（回転木馬）。メリーとあるから、少女の名にちなんだ言葉と思いきや、まったく無関係だった。

メリーゴーラウンドは、英語で書くと「Merry-Go-Round」。そうとわかってよく見ると、「Merry」にはどこか見覚えがある。そう、「Merry Xmas」というときの「Merry」である。

つまり、メリーは人名ではなく、「陽気な」「楽しい」を意味する言葉なのだ。

さて、この言葉、記録に残る中では、

イギリスのジョージ・アレクサンダー・スティーブンスが、1729年に発表した詩の中で用いたのが最古とされている。

大学いも どの大学の前で売ったのか?

さつまいもは焼いてよし、ふかしてよし、天ぷらにして揚げてもよし。その中で忘れてほしくないのが「大学いも」だ。

大学いもは、油で揚げて、蜜をかけて、さらにゴマもかけてと、さつまいも料理の中でも手間のかかるメニュー。そこで、さつまいも料理の中でもとくにむずかしいということを、最高学府に引っかけて「大学いも」なる名前が生まれた……というわけではない。

大学いもの語源は、もっとストレートなものだ。

大正初期、東大の赤門前に三河屋という、ふかしいもの店があった。あるとき、この店でさつまいもを揚げて蜜をかけて売ったところ、学生に大好評で飛ぶように売れた。

以来、蜜がけの揚げいもが三河屋の定番メニューとなり、「大学前で売っているいも」ということで、誰からともなく「大学いも」と呼ぶようになったのだ。

2章

クスッと笑える珍説・奇説の語源58

ろくでなし
このろくは「陸」からきた?!

「ろくなことをしない」「ろくに読みもしないで」「ろくすっぽ連絡もよこさない」「まったくのろくでなしだ」。

「ろく」の例文を連ねたのは、陸続（連なり続く）という言葉があるように、ろくでなしの「ろく」は漢字で「陸」と書くからだ（当て字で「碌」と書く場合もある）。

陸には、高く平らな土地という意味があり、そこから物事の歪みがない、性格がまっすぐで正しいといった意味をなすようになった。

たとえば「ろくでなし」も、平らに整えられていないという意味から転じ、「何の役にも立たない人」になったのである。

江戸時代の弘化年間（1844〜48）ころの『しんさくおとしばなし』でも、「おのれがような陸でなしに、この身代はゆずられぬ」と、「ろくでなし」をもつ親の苦労が語られている。

うんこ
由来は「ウーン」といきむ声から

おまるに座った赤ちゃんは、顔をまっ赤にして「ウーン」といきむ。

「うんこ」の語源は、いきむ声に接尾語の「こ」をつけた幼児語である。「おしっこ」も同様、「シー、シー」と声をかけるところからきている。

ちなみに、おまるは、漢字で「虎子」と書くが、おまるの「まる」とは、大小便を「放る」から出た言葉で、『神代紀』

には「大樹に向いて尿（ゆまり）、放る」とある。

つまり、立小便の心地よさを述べたもので、そこから転じておまるが便器を指すようになった。

おじゃん

江戸の大火ですべてがおじゃん?!

「楽しみにしていた修学旅行がおじゃんになった」。コロナ禍では、こういって涙ぐむ児童生徒の声をよく耳にした。

やりかけていたことが途中で駄目になったり、そのつもりでいたのに当てが外れたり。そんなとき、多くの人が「おじゃんになった」という。

「おじゃん」は、鎮火した際に二度打ち鳴らす半鐘（はんしょう）の音が語源になっている。「火事とケンカは江戸の華」と謳われたように、火事は江戸で多発した。出火を知らせる半鐘が連打されるや、人々は外に飛び出し、わいわい立ち騒いだ。

そうこうしているうちに聞こえてくるのが「じゃんじゃん」の音。火を消し止めたことを告げる「しめり」と呼ばれる合図である。そして、この「じゃん」が「物事の終わり」の意味で使われるようになったのだ。

イワシ

書いて字のごとく「弱し」から!

イワシという魚は、なぜ魚偏に「弱」

と書くのか。「弱いからじゃない？」といわれれば、まさにどんぴしゃりで、単純明快そのものである。イワシの名は「弱(よわ)し」が転じたものとするのが定説だ。

イワシの腹は、包丁を使わずとも指先でスッと開く。そのくらい身が柔らかいのだが、難点は傷みやすいこと。油断しているとたちまち弱って鮮度が落ちてしまう。また、海中にあっては、ほかの魚たちにパクパクやられる「弱い魚」の宿命も背負う。

そんなイワシを下魚(げざかな)とする考えは古くからあった。江戸時代も、タイやアユが上等とされたのに対し、イワシはマグロなどと並んで下等と見なされた。

だが、イワシは今や健康食品として面目躍如し、少しも弱い立場にない。

風呂
その語源は諸説あるが…

一人のんびり湯船につかる。現代人はそんな風呂の入り方を当たり前と思っているが、今のような湯船につかる風呂ができたのは江戸時代になってからで、それより古い時代は、湯室(ゆむろ)（蒸し風呂）か、たらいで行水するのがふつうだった。「風呂」という言葉が生まれたのは、江戸時代になって、みんなが湯屋（銭湯）へ行くようになってからである。ただし、風呂の語源は諸説ある。

たとえば、風呂という漢字は当て字で、岩屋を意味する室、あるいは湯室から転じたとする説や、茶の湯の「風炉(ふろ)」から出たとする説が挙がっている。後者の場合、風炉とは、茶の湯で席上において湯を沸かすときに用いる炉で、形は丸く、桶に釜を装着して湯を沸かす形が「風呂」に似ているとしている。

　近松門左衛門の浄瑠璃『淀鯉出世滝徳（よどごいしゅっせのたきのぼり）』に「京の島原、奈良、伏見、茶屋、風呂屋へも身を売って」とある。江戸時代はとくに湯女（ゆな）のいる銭湯を「風呂屋」と称したのだ。

大根 古代に「オオネ」といわれた庶民の主食

『日本書紀』の仁徳天皇の詠歌に「オホネ」として歌われているほど歴史の古い野菜が、大根だ。

「オホネ（おおね）」を音読して「だいこん（大根）」と呼ぶようになったのは、室町時代になってから。

　大根は昔、貧しい庶民の主食であり、農民にとっては農産物の柱だった。

「大根役者」とは、当たり役のないヘタな役者を指す言葉だが、これは大根はいくら食べてもあたらない（中毒しない）と掛けていったものである。

かまとと 「かまぼこはトトからできてるの?」と聞いたことから

　よく知っているのに、何も知らないふりをして、「それって、どういうこと?」と聞く人が「かまとと」（その態度を「かまととぶる」という）である。これは本来、女性に対して使われた言葉だ。

　江戸時代末期、大坂の花柳界で一人の遊女が、客の気を引くためにうぶな娘を装い、かまぼこのことを「これはトトからできているの?」と聞いたのが語源。トトは幼児語で魚のこと。幼いふりをして甘えてみたかったのだろう。

なお、かまぼこは室町時代中期の書物に、すでにその名が見られる。当時は板つきではなく、蒲(がま)の穂をかたどったものだったので「かまぼこ」と呼ばれるようになった。

手紙 手に書いた用件だから「手紙」という?

スマホやメールの普及で、すっかり影が薄くなった手紙。日本では長くレターを「手紙」と表現してきたが、なぜそう呼ばれるのか?

「手元に置いて書く紙だから手紙」などともいわれるが、定説はない。中にはこんな説がある。

昔、あるところにケチな人がいた。知人に手紙を出す際、紙を使うのはもったいないと木の葉に書いた。ところが、木の葉の手紙をもらった人もそれ以上にケチだったので、木の葉に返事を書くのももったいないと、なんと使者の手に返事を書いてよこした——。

童謡の『やぎさんゆうびん』を彷彿(ほうふつ)とさせるが、返事を書いただけマシか。それはともかく、紙の代わりに手を使ったので「手紙」というのは、落語のオチのようで真偽が疑わしい。

ところで、この「手紙」という語、中国ではトイレットペーパーを指す。中国語でレターは「書簡」「書信」「信函」と表すのでご注意のほど。

やじうま 集まるのは人なのになぜ馬なのか？

「3丁目で火事だってよ」「ホント？　見に行かなきゃ」という具合に、事件・事故に物見高く集まり、騒ぐ人を「やじうま」という。その語源は「親父馬（おやじうま）＝年老いた牡馬（ぼば）」とされる。

牡馬は年を取ると、体力が衰えて使い物にならなくなる。挙げ句、若い馬のあとをノコノコとついて回るばかり。その自主性を失った無責任で気楽な態度が、安全な場所に身を置いて他人をけなす（面白半分に騒ぎ立てる）という意味で使われるようになった。

「やじうま」は、その「おやじうま」の「お」が省略されたもの。「やじ」はさらに「うま」をとった言葉。そして動詞化したのが「やじる（野次る）」だ。

だが、野次を飛ばす態度はあまり褒（ほ）められたものではない。人の尻馬に乗って調子づくのはなおさらだ。

フナ もとは「ホネナシ」と呼ばれていた

フナの語源を調べていくと、いろいろな説に出会えて面白い。たとえば、①みんなでくっついて泳ぐから魚偏に「付」をつけて「鮒」。②「フ」は田んぼの意味、「ナ」は魚の異称。田んぼに棲む魚（ナ）だから「フナ」。

いずれもユニークだが、おそらく次の説には敵（かな）わないのではないか。

ふつう魚は、身をつつき、骨からほぐしながら食べるものだが、フナに関していえばそうとも限らない。甘露煮などにすると骨が軟らかくなり、まるで骨などない魚のようになる。そこで、つけられたのが「ホネナシ」という名前。

この「ホネナシ」が「ホナシ」に転化し、そこからさらに「フナシ」→「フナ」に転じたというのだ。

八百長

八百屋の長兵衛がわざと負けたことから

水面下で行われる「八百長」。競馬、競輪、プロ野球と世間を騒がせたスポーツ競技は多いが、どうも大相撲で頻発しているような……。それもそのはず、「八百長」は、相撲にその発端があるという。

「八百長」の語源は、江戸末期から明治にかけて実在した八百屋の長兵衛という人物にある。通称「八百長」で、これ自体にインチキの意味はなかった。

この長兵衛、相撲茶屋も経営していて角界との付き合いが深く、当時の相撲年寄であった伊勢海五太夫としょっちゅう囲碁の手合わせをしていた。

その囲碁の腕は、伊勢海をはるかに凌駕していたが、しかし、相手を負かしてばかりで機嫌を損ねたのでは、商売上、得策でない。そこで、わざと負けるように勝負を調整したのだ。

この「わざと負け」が角界、ひいては世間一般に知られるようになり、やがて「事前に示し合わせて、うわべだけの勝負をする」ことを「八百長」と呼ぶようになった。

ぐうたら　なぜか女性には使わないわけ

昔から家でゴロゴロして甲斐性のない夫のことを、妻は「ぐうたら亭主」といったりする。

さて、妻がさんざんにいう「ぐうたら」とは何のことか。

一般には、なまけ者、無精者といったイメージで認識されているが、言葉の語源は「ぐうたろべえ」にあるという。かつて、ぐずな男のことを「愚」を人名になぞらえて「愚太郎兵衛」と呼んだのが始まりで、ぐうたろべえ↓ぐうたらべえ↓ぐうたらと転訛したようだ。

不思議なことに、ほとんどが男性に対して使われ、女性に使うことはめったにない。男はぐうたら、女は働き者と、昔から相場が決まっていたのかもしれない。

狸（たぬき）　その語源は「手貫」だったって?!

狸の語源は「手貫（たぬき）」といわれている。いったい、どういうことだろうか？

一言でいえば、「手貫」とは手袋のこと。鷹匠（たかじょう）が使う革手袋、弓道で弓を射るときに右指を保護する弓懸け（ゆがけ）、剣道で腕を覆って守る籠手（こて）、これらを総称して「手貫」というのだ。

この「手貫」には

狸の皮が最適だった。そのことから、狸を「たぬき」と呼ぶようになったという。

また、昔は田の鼠(ねずみ)を捕らせるために、農家で狸を飼ったという。そこから「田(た)猫(ねこ)」が転じて「たぬき」になったという説もある。

ただ、鼠を捕る猫のように、狸を家で飼えるものだろうか。手ぬきなく調べる必要がありそうだ。

やっちゃ場

青果物市場の売り声からきた

世界屈指の電気街でオタク文化のメッカ、東京秋葉原。かつてこの地に青果物市場があり、その市場のことを「やっちゃ場」と呼んでいたといわれると、もはや何のことやら、だろう。

「やっちゃ場」は、じつは青果物を競り売りするときの掛け声からきている。青果物市場では、「えー、やっちゃ、やっちゃ」という掛け声をかけて景気をつけるが、これがそのまま市場の名称になったわけだ。

この「やっちゃ」が、秋葉原の青果物市場と同様に消え去ったかというと、そうではない。物事が思い通りになったとき、人を褒めるとき、あるいは驚いたときなどにも「やっちゃ」は健在である。「おっと来た!」「やった!」という意味で使ってみてはどうだろうか。

カキ

その名の由来は「掻く」「欠く」から

西欧で「Rのつかない月は食べるな」

といわれるカキ。5月～8月は身がやせて鮮度が落ち、食中毒にもなりやすいので、そう言い伝えられている。

そのカキはご存じの通り、石にくっついて動かない貝である。

なぜカキというかは諸説あり、「石からかき落として取るから」「身をかき出して食べるから」「取るときに殻が欠けるから」など、多くはその語源を「掻く」や「欠く」に関連づけて考えている。

一方、カキは「牡蠣」と書く。なぜ「牡(おす)」の字がつくかというと、カキには牡しかいないと思われていたから。石にへばりついて動かないので、雌雄結合せずとも自然に殖えると、昔の人は考えたのだ。

研究が進んだ現代では、カキは同じ固体に、雌雄性が代わる代わる現れる卵胎生の「雌雄同体」であることがわかっている。外からは生殖腺が同じように見えるため、「すべて牡」と誤解されていたようだ。

熊
奥まった場所に棲んでいたから！

熊は本来、人目につかない山奥深くに棲み、冬眠中は穴の中に引きこもって人里に現れることはなかった。そのことは「くま」という名前にも表れている。

そもそも、「くま」という言葉は「隈」を表し、奥間(おくま)がつづまった形である。道や川が曲がりくねった山奥の「隈」に棲んでいるから、「クマ」と呼ばれたらしい。

また、江戸時代の学者、新井白石によれば「熊は神から転じた言葉」という。

太古では、恐ろしい野獣はすべて「神」と呼ばれ、人々から畏（おそ）れられていた。狼が「大神」に由来するように、熊も「神」と呼ばれていたに違いないというのだ。

確かに、アイヌ民族もヒグマをキムンカムイ（山に住む神）と呼び畏敬（いけい）している。

諸説あるが、「熊」は「隈」に棲むから「クマ」という。これがいちばんわかりやすいのではないか。

米　主食なだけに諸説紛々

特A級の銘柄が増え、おいしさがますますアップしている日本の主食「コメ」。これほど身近にあるのに名前の由来については無頓着な人も多いのではないか。名前の由来について調べてみると……。

- 米粒の形が目に似ていることから、「小目」と書いて「コメ」
- 米粒は籾殻（もみがら）の中にこもっているから、「こもる」が転じて「コメ」
- 「こ」は「食（く）」の転音、「め」は「芽」または「実」。つまり、「食う芽（実）」の意味から「コメ」
- 米粒の中には、天地の精霊が「こも」っているから
- 米粒は「小さい実」。これがつづまって「小実（こみ）」。さらに訛（なま）って「コメ」

さすがに主食だけあって研究者も多く、説が多すぎて定説にならないのが難点だ。

笑う　その語源は「割れる」だって?!

「笑う顔に矢立たず」「笑う門には福来（きた）

る」ということわざは、常日頃から笑いを絶やさないことの大切さを伝えているようだ。

しかし、これも程度の問題で、ひたすら大声でゲラゲラ笑っていれば「馬鹿笑い」になり、とくに女性の場合、あまり笑いすぎるとせっかくの美人も台無しになってしまう。

というのも、「笑う」という言葉の語源は「割れる」にあるからだ。口はむろん、顔全体がゆがみ、文字どおり「割れる」ような状態になる。

「相好(そうごう)を崩す」は顔をほころばす程度の笑いだが、それでも「崩す」というくらいだから、度が過ぎれば、周囲に「やりすぎ」とマイナスの印象を与えてしまいそうだ。

おなら
宮中の女房らが使った隠語

御所言葉は、別名、女房詞(にょうぼうことば)ともいう。これは、室町時代に宮中に仕える女房たちが、仲間内だけに通じる隠語として使い始めたものだ。「いしいし（団子）」や「おかべ（豆腐）」のように、一般とは異なる呼び方をする。

女房詞がのちに一般化したものもある。しゃもじやおひや（水）などだが、「おなら」もその一つで、語源を調べると何ともわかりやすい。

当時、一般庶民はおならのことを屁(へ)といったが、女房たちは「へ」など使いたくない。そこで、誰かが音を漏らしたときは「鳴らしましたね」といった。

その「鳴らす」の「なら」に、丁寧語の「お」をつけて「す」を省いたのが、今に通じる「おなら」なのである。

ずぼら

「ぼうず」を逆さにして「すぼう」といったことから

「断捨離」が流行って以来、整理整頓を心がける人は確実に増えた。それでも片付けの苦手な人は一定数いるもので、だらしない、いい加減、無精（ぶしょう）、ルーズ……をひっくるめて、「ずぼら」という。

この語源は、お坊さんの行状にある。昔、修行をないがしろにして遊興にふける僧のことを、庶民は「ぼうず」を逆さ言葉にして「すぼう」と罵（ののし）った。「ずぼら」はこの言葉から転じたものだという。

お坊さんには好き者が多かったようで、吉原へは僧の姿では登楼できないため、医者に変装していく者も多かった。

「化けた医者手の出し入れで現れる」は、つい数珠をまさぐって正体がばれた、ドジな僧侶を茶化したものだ。

ヤマカン

戦国時代の武将の名がルーツ

学生時代、試験直前に「ヤマ」を張って一夜漬けした人もいるだろう。多くはヤマが外れてうなだれることになるが、時には、ヤマカンが当たるケースもある。

ヤマカンは漢字で「山勘」と書く。この語源を、鉱脈を掘り当てる「山師（やまし）の勘」とする有力な説もあるが、しかし試験の「ヤマカン」は別に不正行為ではない。

そこでもう一つ、有力視されているの

が人名説である。

その名は山本勘助、通称「ヤマカン」である。武田信玄の参謀を務めた彼は天才肌の軍師だった。彼の計略で奇襲されたり、裏をかかれたりした敵方にも山勘の名が轟(とどろ)いていた。

そのように、優れた策を弄(ろう)すること(人)が「ヤマカン」であり、のちにあてずっぽう、ヤマを張るといった意味に転じたのである。

やさしい

その語源は痩せていることだった?!

「やさしい人は痩せている」。こんなことをいったら、「そんな馬鹿な」と思うだろう。だが、これは嘘ではない。

「やさしい」の古語である「やさし」は、「やす(痩す)」が形容詞化してできた言葉だからだ。

『万葉集』の中に「世の中を憂しとやさしと思へども　飛びたちかねつ鳥にしあらねば」(山上憶良(やまのうえのおくら))という歌があるが、ここに出てくる「やさし」は、つらく耐えがたい、身が痩せ細るようだ、恥ずかしいという意味。

さらに、恥ずかしさから生じる慎ましやかな気持ちを上品と評価するところから、優美さやけなげさを表現する言葉へと転化した。

そうしてしだいに現代の意味に近づき、情味が深いことや心

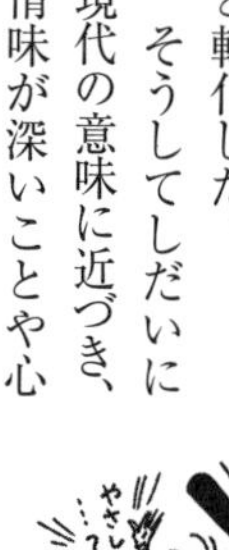

がやさしいことも「やさしい」というようになったのだ。

また、やさしい振る舞いは、弱さにも通じることから、容易という意味の「易しい」が生まれ、買いやすい、捨てやすいなどの「やすい」もここから派生した。

大福餅　もとは腹持ちのよい甘くない菓子だった！

甘党の大好物の一つに「大福餅」がある。庶民的な和菓子の代表だが、じつはこの大福餅、もとは腹持ちがよいことから「腹太餅（はらぶと）」と呼ばれ、現在のものとは違って砂糖気のない菓子だった。

腹太餅は、江戸時代初期（室町時代後期とも）に生まれた菓子で、薄い餅皮に塩入りの赤小豆餡を包み、両面を軽く鉄板の上で焼いて作った。

腹太餅の大きいものはのちに「大腹餅」と呼ばれ、さらにこれを小形化して砂糖入りの餡を入れたものを「大福餅」というようになった。「腹」を「福」という吉字に変えて、大福長者（大金持ち）にあやかったともいわれる。

庖丁　その語源は職名？それとも人名？

その切れ味が料理の味をも左右する「庖丁（包丁）」。この語源は中国にある。古代の中国では庖丁を「ほうてい」といった。「庖」は台所、「丁」は台所仕事に関わる職人や使用人で、そこから庖丁は料理人を指すようになった。

一方、庖丁は料理人の名前だとする説

もある。『荘子(そうじ)』に、主君(梁(りょう)の国の恵王(けいおう))のために牛を上手にさばく料理の名人の話が載っている。

その人物名が「庖丁」。こちらの説では、「庖」は料理人、「丁」は人名と解釈する。くだけた言い方をすれば、「料理人の丁さん」。この丁さんの庖丁さばきがリズミカルで、何とも見事だったことから、料理に使う刀を庖丁の刀＝庖丁刀と呼ぶようになったという。

おしゃま ||||||||||||||| 江戸っ子が猫をこう呼んだって?!

小さいのに、ませた口をきく「おしゃま」な女の子がいる。この「おしゃま」とは、「おっしゃいます」をつづめた「おしゃます」からきている。

江戸時代、「猫じゃ猫じゃとおしゃますが、猫が下駄をはいて杖ついて、絞りの浴衣で来るものか」という俗謡が流行った。このとき江戸っ子は、「おしゃます」を「おしゃま」とし、猫の意味に使った。

周知の通り、猫は気まぐれな動物で、人目もはばからず欠伸(あくび)をしたり、人前をのうのうと歩いたりする。その「平気の平左」的な態度は、いかにも生意気に見える。

そんなことから、ませた口のきき方をする女の子のことも「おしゃま」というようになったのだ。

なぞなぞ ||||||||||||||| 答えを「何ぞ何ぞ」と催促したから

「なぞなぞ」は気軽に楽しめる頭の体操。

漢字で「謎謎」と書くが、いったい、いつごろからあったのだろうか。

なぞなぞ遊び自体は古代からあり、『万葉集』の中に漢字の意味を遊戯的に用いた「戯書法」という用字の方式が見える。たとえば、獅子を「十六」と書くのは「ししじゅうろく（4×4＝16）」だからといった具合だ。

「なぞなぞ」という言葉が生まれたのは平安時代で、謎をかけられた人が、その答えを「何ぞ何ぞ」と催促したところからきている。

この時代には、宮廷で「なぞなぞ合わせ」という、競技者が左右に分かれて謎を出し合う遊びが流行ったようで、『枕草子』には「ついでになぞなぞあはせしける、方人」という記述が見える。

虻蜂取らず　誰がアブとハチを取ろうとしたのか？

「虻蜂取らず」の原型は「虻も取らず蜂も取らず」なのだという。だが、虻や蜂を取ろうとしたのは誰なのか？

この疑問に、狙っているのは人間ではなく、「蜘蛛だろう」という説がある。

蜘蛛が網を張っていたところ、蜂がかかった。蜘蛛は蜂を捕らえようと糸を出して巻きつけにかかるが、今度は虻が網にかかった。蜘蛛はひとまず蜂を放って虻に糸を巻きつける。が、その間に蜂が不完全な糸の縛りから逃れて飛び去った。あわてた蜘蛛が後を追うと、今度は虻も逃げ去ってしまった……。

どちらか一つに専念すれば捕らえられ

たのに、欲ばったばかりに両方捕り逃がす。こんな情景を見た人間が、人の世に思いを馳せて生んだのが「虻蜂取らず」なのだ。まさに、泣きっ面に蜂である。

ういろう
中国から来た「外郎」にちなんだ

名古屋名物として知られる「ういろう」は米粉を原料にした蒸し菓子だが、もとは薬の名前だった。

鎌倉時代（南北朝時代とも）、元の役人だった陳延祐が日本に帰化した際、麝香や薬用人参などを主成分とし、咳や痰に効くという丸薬「透頂香」を伝えた。

この陳延祐、中国では薬の調達をする礼部員外郎という官職にあったので、日本では「外郎」と名乗り、この家名を自身が製造する透頂香の別名に適用したという。

一方、日本ではこれより以前に菓子の「ういろう」が存在していたが、黒砂糖を用いていたので、見た目が薬の「外郎」にそっくりだった。そのため、菓子も同じ名前で呼ばれるようになった。

ちなみに、菓子の「ういろう」は現在の山口県で誕生し、それから名古屋に伝わった。また薬の「外郎」は、延祐が博多で死去したのち、2代目の陳宗奇が足利義満の招きで京都へのぼり、さらに小田原に移って製造・販売したようだ。

法螺吹き
釈迦の説法が広く知れ渡るさまだった！

大げさな話をする人間は「法螺吹き」

もしれない。

と呼ばれる。だからといって、とんでもないやつだと思ったら、バチが当たるかもしれない。

「法螺」は、武士や山伏などが使う法螺貝のこと。ヒンズー教では尊いシンボルの一つとされている。

法螺貝を合図のために吹く音は、四方八方に鳴り響き、人々の士気を鼓舞する。そこで仏教では、釈迦の教えが民衆の心に届くことを「大法螺」を吹くことにたとえ、その説法がいかに偉大であるかを表現した。つまり、法螺とは説法、吹いたのは釈迦ということになる。

しかし釈迦の偉大なる説教は、のちに「大げさな言い方」「大嘘つき」などの意味に転じ、よい意味には使われなくなってしまった。

ウオッカ　これを「火酒」と訳すのは誤り？

ブラディ・マリーなどのカクテルのベースに使われるのがウオッカ（vodka）。アルコール度数は、一般的なものは40度前後だが、90度ほどあるものもあり、比較的高い。その意味からすると、ウオッカを「火酒」と訳すのは、けだし名訳といえる。

実際、語源をたどれば、vodkaはvoda、すなわち「水」を意味する言葉からきているのだが、これをもって「火酒」を誤訳と決めつけるのは早計だ。

ウオッカが生まれたのは、ロシア、ないしはポーランドだといわれる。最初に皇帝や貴族が愛飲し、その後しだいに民衆の飲み物として普及した。当然、ウオッカの飲み方も変わってくる。

貴族たちは暖かい部屋で味わうが、民衆がウオッカを手にするのは、凍(い)てつく大地で働きとおしたあとである。むくつけき大男たちが、冷えた体を温めようとウオッカを「水」のように痛飲している様子は、想像するだに豪快だ。

1917年のロシア革命の際、ウオッカ製造会社の社長スミルノフはヨーロッパに亡命した。これがきっかけになり、アメリカでウオッカはカクテルベースとして大流行したのである。

やけ

「自棄」と「焼け」の意外な関係

自分の思い通りにならず「どうにでもなれ」と捨て鉢になることを「やけ」という。

自暴自棄という四字熟語があるように、「やけ」は「自棄」と書かれることが多いが、本来は「焼け」が正しく、焼けてモノの形や性質が変わることが語源である。

確かに、愛着の家屋や物品が焼けてしまったら、人間の性質も焼けたように変わり果ててしまう。「やけを起こすな」「やけくそになるな」といわれても、やけ酒を呷(あお)りたくなるのが人情というものだ。

フルーツポンチ

「ポンチ」はヒンズー語由来だって?!

柑橘類、サクランボ、桃、メロンなどの果物を細かく切って専用の器に入れ、果汁やシロップ、炭酸水などを注いだものが、フルーツポンチだ。

今では子どもに人気のデザートだが、本来は果物を入れず、「ポンチ」、つまりカクテルの一種として飲まれていたという。

その語源は何かというと、ヒンズー語のパンチ（panch）にある。

パンチは、数字の「5」を意味し、インドで作られた酒、水、レモンジュース、砂糖、香料の五つの材料が使われていた。その製法をイギリス東インド会社の船員が母国に持ち帰り、以後、ヨーロッパをはじめ世界各地に伝わった。

堂々

僧侶の修行場である伽藍堂から

甲子園球児たちの堂々とした入場行進には若さがみなぎっている。さて、この堂々の「堂」とは何のことか。

答えは「伽藍堂（がらんどう）」だ。よく誰もいない広い空間のことを「がらーんとしている」というが、これも本来の伽藍堂が広々しているところから派生した言葉で、決してダジャレではないのだ。

伽藍堂は僧侶たちが修行する建物だが、インドやスリランカの七堂伽藍と呼ばれる大寺院は見上げるばかりの壮大なもので、まさに「堂々」の文字がふさわしい。

その仏教の威厳そのものを具現した伽藍堂にたとえて、行いが公然として立派な人を「堂々としている」という。また、形や構えが整然として立派なさまを「威風堂々」、あるいは「堂々の陣を張る」という。

天麩羅（てんぷら）
「てんぷら」にこの漢字を当てた有名人とは？

日本の伝統食・てんぷら。漢字による名づけ親は、浮世絵師であり戯作者でもあった山東京伝（さんとうきょうでん）である。彼の弟・京山（きょうざん）は、随筆『蜘蛛の糸巻き』の中で、次のように述べている。

　ある日、大坂の利助という男が、江戸でつけ揚げの商売を始めようと思い、人目を引くような名前をつけてほしいと京伝を訪ねた。そこで京伝は、こうアドバイスした。

「おまえはいわば、宿なしの天竺浪人。ふらりと江戸へきて売ろうというものだから、『てんぷら』というのはどうだろう？　字は『天麩羅』がいい。天竺の天に、小麦粉のうすいもの（羅）をかける料理という意味の字をひっかけてね」

　漢字でどう書くかを話題にしているが、「てんぷら」という語は室町時代からあったので、京伝の命名による天麩羅が、「てんぷら」自体の語源というわけではない。調理するという意味のポルトガル語「tempero」から、というのが有力だ。

クジラ
なぜ魚偏に「京」と書くのか？

　歌で仲間とコミュニケーションをとるクジラ。考えてみれば、この呼び名、ほかの動物や魚の名前と比べても、ちょっと異質な響きがある。

その語源については、①口が大きいので「口広」から、②背が黒く腹は白いので「黒白」から、③ヒゲが巨大な櫛に見えたから「櫛魚」など、たくさんの説がある。

漢字の「鯨」が魚偏になっているのは、クジラが魚の一種と思われていたから。つくりの「京」は数の単位である兆の1万倍、つまり、「高い丘のように大きな魚」を表現したものだ。

カサゴ

そのヒレが笠のようだったから

「カサゴ」という、いかにも厳つい形相の魚がいる。トゲのついた背ビレや胸ビレがピンと張り出し、まるで「笠」を被ったよう。だから「カサゴ」というのだが、まさに名は体を表す、だ。

「笠」は、柄を手にもって差す「傘」とは異なり、差し傘と区別して「かぶりがさ」とも呼ばれる。笠にしろ、傘にしろ、「カサ」という言葉は「かざす」に由来する。日光をかざし、雨をかざすのが、「カサ」なのだ。

カサゴは見た目に似ず、刺身やから揚げにして食べると旨い。「夜目遠目笠のうち」というが、美味も笠のうちか。

おだて

乗るほうが悪いか、乗せるほうが悪いか?

「豚もおだてりゃ木に登る」とは、おだててその気にさせれば、本来の実力以上の成果を上げるという意味のことわざ。

だが実際には、おだてられて重職を引き受けたものの、さっぱり成果が上がらないというケースもざらにある。

確かに「おだて」の語源の一つとしては「愚か者の心を追い立て、軽々しい行為に走らせる」から「追い立て」の略語とする説もある。

また一説では、誘うという意味から「招（おき）起（たつる）」の略ともいわれている。いずれにしても、もとは「悪意で人を煽（あお）り立てる」「そそのかす」「けしかける」という意味なのだ。

おだてる側には、陰でほくそ笑むような悪意が感じられるが、おだてられる側は案外おだてにのったふりのできる人間なのかもしれない。能力のある者がおだてられるふりをしているのかも？

おっちょこちょい

三つの語が合わさってできた！

「おっちょこちょい」とは、考えてみれば奇妙な言葉である。この言葉は落ち着きのない挙動に対してよく使われるが、じつは一語ではない。「おっ」「ちょこ」「ちょい」という三つの語が組み合わさってできた言葉なのだ。

「おっ」は「おっと」、あるいは「おっと」という場合の「おっ」。「おっ、素晴らしい」などに使われる間投詞のようなものだ。

「ちょこ」は、あちこち落ち着きなく動き回る様子で「ちょこちょこ」の意。「ちょい」は、ちょっと、ちょくちょくなど、わずかなことや簡単にできることを表し、「ちょいと一杯」などと使う。

こうしてみると、「おっちょこちょい」とは、軽率な人間に「おっ」と面食らった人間がやんわり諭すために考えついた言葉のような気がしないでもない。

おぼろ 魚だったことは「おぼろ」げながら…

童謡にも歌われているように、月がかすんで見える春の夜のことを「朧月夜」という。「おぼろ」とは物の輪郭がぼんやりとしか見えない状況をいい、料理名にも使われている。

料理の「おぼろ」は、タイやヒラメなどの魚を生の状態ですりつぶし、味つけしてからきめこまかに炒って、ふわっと仕上げる。もはや魚の輪郭をとどめていないが、「魚だったんだなあ」という雰囲気は伝わってくる。そのため「おぼろ」と名づけられた。

もっとも「おぼろ」には、「でんぶ」という別名もある。「でんぶ」とは「田夫」のこと。字のごとく、農民や田舎者を指す言葉で、転じて無骨で粗野なことを表すようになった。魚の形を壊す料理は王道を外れ、無粋であるということから、この名がついたという。

アユ かつては鮎ではなく「占魚」と書かれた

アユの語源には、主に二つの説がある。

一つは、動詞「あゆる」からきたとする説。木の実が熟して落ちることを「あゆる」というのだが、アユは秋に川を下ることから、「あゆる魚」とされ、ここから「アユ」の名がついたという。

もう一説は、おいしいご馳走でもてなす「饗（あえ）」からきたとする説。アユは神前に贄（にえ）として供される魚だったため、「饗」と結びついたのだろう。

アユを「鮎」と書く理由は、『日本書紀』などに登場する神功（じんぐう）皇后の伝説に基づく。

それによると、皇后は新羅（しらぎ）（朝鮮）出兵に際して、それが成功するか否かを釣りで占ったという。その結果、かかった魚がアユだった。

この伝説をもとに、アユはしばしば「占魚」と書かれるようになり、さらに「魚」と「占」の二字を合体して「鮎」となったという。

漫才

命名したのはあの会社の人だった

日本一の漫才師を決める「M－1グランプリ」をはじめ、漫才ブームに再び火がついている。

この「漫才」という言葉だが、初めて使われたのは昭和９（１９３４）年４月25日だという。この日から３日間、新橋演舞場で「特選漫才大会」が開かれたが、そのとき吉本興業の東京責任者だった林弘高という人が命名したのだそうだ。

当時、大阪では「万才」という字を用いていたが、東京ではなじみの薄い言葉だった。東京人にも「万才」を理解してもらいたいと考えた林は、当時、東京で人気を博していた徳川夢声の漫談に着目。

そして、人気の漫談から「漫」の字を拝借し、「万」の字と入れ替えたという。

ただし、これには異説があって、最初に考えたのは吉本の文芸部長・橋本鉄彦だったともいわれている。いずれにしても吉本興業の発明品であることには変わりがない。

冗談　ずばり、無用な雑談のこと

「冗談」はありがたい言葉である。さんざん悪口をいっておいて、「冗談だよ」と一言いえば、相手もウッと怒りを抑えざるを得ない。

もともと冗談の「冗」には、無駄、不必要、余計など、よい意味はない。冗長や冗漫といえば、表現が長くて、くどくどしいことを指す。

「冗談」という言葉も、もとは無用の雑談、無駄口という意味で、一説に日常のありふれた話を表す「常談」に、無駄を意味する「冗」を当てて「冗談」になったともいわれている。

また、ふざけて笑いながら話す「笑談」を語源と見なす説もあるという。

家督　督は「得する」からきているって?!

地価が上昇して困るのは、薄給を追う者ばかりではない。土地の持ち主たる地主も、じつは困っている。

というのも、固定資産税が上がると同時に、自分が死んだときの相続税も上がるからだ。高い相続税を支払うために、先祖伝来の土地を手放すことにもなりかねず、財産があるからといって、おちおち安心してもいられないのだ。

戦前までは「家督相続」という言葉がよく使われた。「家督」とは、家や土地などの財産やそれを継ぐべき跡継ぎのことをいう。「督」と「得」は同義であることから、家督は「家を継いで得をする者」を意味した。

水をあける

そのルーツはボート競技にあり

ライバルに差をつけられると「水をあけられた！」と悔しく思う。バケツで水を浴びせられたような気分になるから、水を「空けられた」と書くのだろうと思いきや、水を「開けられた」が正しい。

この言い回しのルーツは、ボート競技にある。ボート競技では、「挺身（ていしん）」という単位で差を測る。一挺身ならボート一艘（そう）分の差ということになるが、これ以上差が開くと、二つのボートの間に水が見えるようになる。つまり、文字どおり「水が開く」わけだ。

今はボート競技のみならず、あらゆる場面で使われ、たとえばオリンピックの水泳競技でも、トップの外国人選手と日本人選手の間に一身以上の差がつくと、中継しているアナウンサーから「ちょっと水を開けられてしまいました」と残念

そうな声が漏れる。

虎　人をトラえる獣だから ともいうが…

英語のタイガー（tiger）はラテン語の「ティグリス（tigris）」に由来し、「とても流れの速い川＝すばやい」を意味するという。俗に虎は「一日に千里を行く」というが、それを裏づけるような語源だ。

では「虎」という和名の由来はどうか。貝原益軒（かいばらえきけん）は『日本釈名（しゃくみょう）』で「トラは捕ふるなり。人を捕ゆる獣なり」とし、「捕（とら）う」がトラになったと説明している。

しかし、この説はあまりに単純明快すぎて、逆に信じがたいとされている。

ほかの説として有力なのは、中国で古く虎のことを「タイイラ」と呼んでおり、これが転訛して「トラ」になったとするもの。いずれにしても、語源は定まっていない。

ただ、「虎」という字は『日本書紀』に登場するのが最初で、それ以前は「大虫」と表記されていたようだ。

狐　キツ、キツと鳴くから「キツネ」という

田舎に住めば狐の姿を目にすることもあるが、「はて、狐はなぜキツネというのか？」と首をひねる変わり者はそうはいない。

狐という名は、お稲荷さんの神の使いとされていたことに由来する尊称だという。つまり、本来の名は「キツ」で、これに神道系の尊称を表す「ネ」が結びつ

いたと考えられているのだ。

では、なぜ「キツ」という名称がついたかというと、こちらは鳴き声に由来すると考えられている。

だったら、「コンコン」の「コン」のほうがよさそうなものだが、それは江戸時代以降の人たちの認識。昔の人の耳には、鳴き声が「キツ、キツ」や「クツ、クツ」と聞こえた。

キツキツ、クツクツ、コンコンと、狐の鳴き声の聞こえ方は、時代によってさまざまに変遷したのである。

ポンコツ　拳骨の発音を聞き間違えた？

使い古したり壊れたりしたものを「ポンコツ」という。とくに壊れかかった自動車を指すことが多いが、この意味が普及したのはそう古いことではない。

「ポンコツ」の語源のうち一つは、拳骨(げんこつ)の発音を聞き間違えたとする説。また一つは、拳骨で殴ったときに出る「ポン」と「コツ」という音（擬音語）に由来するという説。どちらも拳骨に関わるが、どちらであるかは決め手に欠ける。

しかし、この言葉を広く普及させたのが、作家・阿川弘之であることは確かだ。彼は昭和34（1959）年から読売新聞に小説『ぽんこつ』を連載した。その中にこんなくだりがある。

「ぽん、こつん。ぽん、こつん。ポンコツ屋は、タガネとハンマーで、日がな一日古自動車を叩きこわしている」

昔の自動車解体業は、廃車を解体して

鉄屑にするとき、ハンマーなどで殴って壊した。このとき、ポンと叩けばコッと音がするので、古いボロ車を「ポンコツ」と呼ぶようになったのだ。

手練手管 「手管」から噴き出されるのは水だった

売れっ子のキャバ嬢ともなれば、お客をひきつけるために巧みなワザや手段を用いる。それが「手練手管」だ。

手練は、「しゅれん」と読めば熟練したあざやかな手際(てぎわ)のことを指す。ところが「てれん」と読み方が変わると、人をだます意味になる。

一方、手管は、もとは水芸(みずげい)から出た言葉で、女芸人が水芸を演じるときに隠し持っていた仕掛け(水の管)のことをいう。「滝の白糸」は、滝の筋のように水をあらゆるところから噴き出してみせるワザだが、シュッ、シュッと、女芸人の意のままに噴き出るかに見える。

その見事な手さばきに観客がだまされることから、その手ワザを「手管」というようになった。

このように手練と手管はどちらも「人をだまして操る手段や技巧」を表し、これらを二語重ねて「手練手管」とすることで意味を強めているのである。

かぼちゃ 日本語ではなくポルトガル語だった!

「パンプキン」は英語名。では、かぼちゃは?「もちろん日本語でしょ」と答えたら×である。

かぼちゃは外来語で、ポルトガル語の「Cambodia abobora」が日本語化したものだ。原産地は、語源から察せられる通り、現代のカンボジアである。

かぼちゃの別名にはボウブラやトウナスもある。「ボウブラは、瓜の変名なるべし」と新井白石は述べている。このボウブラは「abobora」が由来なのだろう。

かぼちゃは、戦国時代末にポルトガル人によって持ち込まれたが、日本の風土に合っていたこともあり、全国に急速に広まっていった。

とかく　ありえないことを指した言葉

自然災害、疫病、戦争のトリプルパンチ。あちらこちらで悲惨な状況が起きると、夏目漱石でなくても、「とかくこの世は住みにくい」といいたくなる。

そんな「とかく」には、しばしば「兎角」の字が当てられる。素直に読めば兎(うさぎ)の角。そんなものあるわけないのだが、なぜこの字が当てられるのか？

これは仏教のたとえ話からきている。『涅槃経(ねはんぎょう)』には、あり得ないもののたとえとして、「兎角亀毛」が挙げられている。なるほど、確かに亀にも毛は生えていない。仏の教えを衆生(しゅじょう)に少しでもわかりやすく説くための比喩として、こうした言葉が工夫されたのである。

下駄を預ける　いったい誰が、どこへ預けた？

無理は承知だが、何とかしなければな

らないとき、相手に一任した形をとることを「下駄を預ける」という。

この言葉の語源には二つの説がある。

一つは、縁日などに露店を出す的屋言葉からきたとするもので、彼らが親分に身柄を預けることを「下駄を預ける」といったことに由来するという。一度下駄を預けてしまうと、その場から自由に動けなくなる。

もう一つは、遊里や演劇の世界から出たとみる説だ。近松門左衛門の浄瑠璃『天智天皇』に、「奉公せよ召使はんなどと下駄を預け給ひしか」とあり、本来はわざと断りにくい言い掛かりをつけて、相手の返答を待つ意味だったという。

それがしだいに相手に処置を押しつける広義の用法に変わったのは、芝居や寄席で下足番に下駄を預けることとも関係するのではないかということだ。

さて、どちらの説をとるか？　読者に下駄を預けることとしよう。

ドジを踏む　江戸時代の相撲言葉から

「ドジ」は、ご存じの通り、まぬけ、へま、失敗を意味する言葉で、動詞として表現するときは、「ドジを踏む」という。

「ドジ」の語源については、①頭の働きが鈍くて動作の遅い「鈍遅」、②物事をやりそこなう「とちる」の名詞形「とちり」、③はっきりしない様子を表す「どじくじ」など、諸説ある。

一方、「ドジを踏む」の場合は、江戸時代の相撲言葉に由来すると考えられている。つまり、当時は土俵から足が出ることを「土地を踏む」といい、この土地が訛って「どぢ（じ）を踏む」になったというわけだ。

やんちゃ 腕白な子どもをなぜこういう？

買い物に行けば勝手に商品をいじり回し、家にいれば弟妹をいじめ、外へ遊びに行けば女の子を泣かしてくる。そんな片時も目が離せない、いたずらっ子を「やんちゃ坊主」という。

手に負えないのも無理はない。「やんちゃ」は、粘りついて扱いにくい松脂（まつやに）に由来するからだ。昔は、活発すぎていつも悪さをする腕白（わんぱく）な子どものことを「やにちゃ（脂茶）」といったが、それが訛って「やんちゃ」になったといわれている。

また、やんちゃ盛りの子は聞き分けがなく、何かというとすぐ「嫌じゃ、嫌じゃ」と駄々をこねる。その「いやじゃ」が訛って「やんちゃ」になったとする説もある。

ヘソが茶をわかす 熱々になったヘソなのか？

やることがあまりにも幼稚で馬鹿馬鹿しく、笑うことさえできない。そんなとき、あざけりの意味を込めて、「ヘソが（で）茶をわかす」という。それにしてもおかしな表現である。

この語源をたどると、「ヘソを茶化す」といった言葉にいきつく。これは江戸時代の浄瑠璃に出てくる言い回しで、意味は「ヘソを馬鹿にして大笑いする」。

当時は他人に素肌を見せるということがほとんどなく、たまにヘソでも見えようものなら、「あの野郎、ヘソを見せやがった」といって大笑いしたのである。

つまり、ヘソはもともと「茶化されて」いたわけだが、それがいつしか受動態から能動態に変わり、「茶をわかす」側に転じたのである。

ヒバリ

鳴くときに語源のカギがある

熊本民謡のおてもやんに「ピーチクパーチクヒバリの子　玄白なすびのいがいがどん」という歌詞が出てくる。

だがしかし、ヒバリの鳴き声はそうではなかったという。

昔の人は、ヒバリの鳴き声を「テンマデノボロウ、テンマデノボロウ」と聞いたり、「オリヨウ、オリヨウ」と聞いたりしたのだとか。「ピーチク、パーチク」に比べると、どこかしら、のどかな感じがする。

ところで、ヒバリは雨の日には空に向かって飛ばない。晴れた日のみ空高く飛んでにぎやかにさえずるのである。晴天の澄んだ空で「ピーチク、パーチク」やるわけだ。

なるほど、その語源が「日晴（ひばる）」だというのもうなずける。

ハマグリ　形が栗に似ているからって本当？

ハマグリの貝殻は、２枚の殻がピタリときれいに重なり、対の殻以外は噛み合わない。

このことから、夫婦和合や夫婦円満のシンボルとして、婚礼の料理に欠かせないものになっている。また、貝合わせなどの遊び道具としても、古来親しまれてきた。

さて、このハマグリの名は、いとも簡単な事情からつけられた。

すなわち、①浜辺に生息して形が栗に似ていることから、「浜栗」＝ハマグリ。あるいは、②小石の古名が「クリ」であることから、浜にある小石のような貝＝ハマグリともいわれている。

マカロニ　その味に感動した教皇の言葉から

スパゲッティと並んで、イタリア料理には欠かせないマカロニだが、生まれはイタリアではない。

じつは、小麦粉を練って世界で初めて作ったのは、中国人。それをイタリアへ持ち帰ったのが、かの有名なマルコ・ポーロ。『東方見聞録』を書いた大旅行家である。

１２６０年ごろ、中国でこの食品を食べたマルコ・ポーロは、そのおいしさに感動し、イタリアへ持ち帰った。そして、これを教皇ボニファティウス８世に献上。さっそく味見した教皇は「マ・カロニ（おお、すばらしい！）」と叫んだという。

以来、その食品が「マカロニ」と呼ばれるようになったのだ。

ままごと ずばり「おまんまのまねごと」が語源

「ままごと」は、鬼ごっこや電車ごっこ、お医者さんごっこなどと同じように、何かになりきって演じる「ごっこ遊び」の一種である。

イメージを膨らませて遊ぶため、創造力や社会性など、いろいろな能力を引き出せるという。

さて、そんな「ままごと」は、英語のママ（mama）ではなく、食事に由来している。

幼児語で食事のことを「おまんま」といい、これを略したのが「まま」。そしてこれに、まねごとを意味する「ごと」をつけたのが「ままごと」である。

つまり「ままごと」は本来、「食事のまねごと」を意味したのである。

3章

長年の謎がスッキリ解ける語源59

カツオ——身はやわらかいのに“堅い魚”とはこれいかに

「目には青葉　山ほととぎす　初鰹」と詠まれる初ガツオは、ご存じのように、身は柔らかい。しかし漢字で書くと「堅」の字が当てられる。いったいなぜか？

カツオは古代、「カタウオ（ヲ）」といわれていたものが、時代を経て、「カツオ」に転じたと考えられている。

カツオを生で食べるようになったのは江戸時代に入ってからで、それ以前は干し固めて保存食として利用していた。干すと堅くなる魚だから「堅魚干（かつお）」と呼ばれたわけだ。

堅魚干は今のカツオ節に当たる。現代っ子はパック入りの削り節しか知らないだろうが、昔はどこの家にもカツオ節削りの箱があり、毎朝カツオ節を削って味噌汁のだしをとったものだ。

台無し——いったい何の台が無くなるのか？

「台無し」とは、めちゃくちゃになってどうしようもない場合に使われるが、台無しの「台」は、仏像を安置する台座のことをいう。

仏像の台座は「蓮座（れんざ）」といって、釈迦の誕生を告げたゆかりの花「蓮華（蓮の花）」をかたどっている。仏の教えに従えば、極楽で蓮の上に生まれ変わるという教えにつながり、蓮座はその象徴なのである。

仏像の台座は非常に重要なもので、そ

れがないと仏像の尊厳が保てなくなる。そこから、根本からダメになることや、体を成さなくなることを「台無し」というようになった。

「台無し」と同じような言葉に「素人に負けるようじゃ、プロも形なしだ」というときの「形なし」がある。「形」は物の形状や姿の意で、本来あるべき姿が損なわれて、体面が傷つくことをいう。

腑に落ちない——納得いかないことをなぜこういう?

日常生活では「腑に落ちない」と思うことがままある。上司が珍しく上機嫌なのはなぜか、妻が甲斐甲斐しく家事をこなしているのはなぜか……。それは「腑」に直接聞いてみるしかない。

腑は五臓六腑の腑で、「はらわた（胃や腸）」を指す。同時に、心の底も意味する。

昔の中国では、臓腑に心が宿っていると考えられていた。そのため、腸が腐る、腸が煮え返る、腸が見え透く、腸を断つ（断腸）など、心の働きを示す多くの表現が生み出された。

「腑に落ちない」も同様で、直訳すれば食べた物が腸に収まらない状態を指すが、心の働きに着目すれば「納得できない」「合点がいかない」ということになる。

揚げ足を取る——相撲の技から出た言葉だった

揚げ足（または挙げ足）は、相撲などで地面を離れて浮き上がった足を指し、この浮き足を取って倒すことを「揚げ足を取る」という。

足取りは相撲の決まり手の一つで本来は反則ではないが、相手の浮き足に乗じて攻め入ることから、一般には悪い意味でこの言葉は使われるようになった。

人の揚げ足を取るような人、つまり、人の言葉尻を捉えてやり込めてくるような質(たち)の悪い人には「肩透(かたすかし)」を食わせるのがよい。

これも相撲の決まり手の一つだが、相手が突っ込んできたら、四つに組むと見せかけてサッと体(たい)をかわす。こうすれば攻撃目標を失って手も足も出ないだろう。要はまともに相手をするなということだ。間違っても、過剰にやり返して「勇(いさ)み足」をしてはいけない。

二束三文——語源からすれば「二足三文」が正しいって?!

物を投げ売りするときに使われる「二束三文」という言葉。売値が非常に安いことをいうが、はて、いったい何が安いのだろうか?

江戸時代、庶民の履物は草鞋(わらじ)か草履(ぞうり)が一般的だった。日常使う必需品であるから、すぐに破れたり、鼻緒が切れたりするようでは困る。

その点、「金剛草履(こんごうぞうり)」は藁(わら)や藺草(いぐさ)などで丈夫に作られており、ふつうのものより大型で後部が細長く、履きやすいのを特長とした。しかも、それが二足でたったの三文というお買い得値だった。

　これが評判を呼び、店には買い求める人が殺到した。このことから、量や数が多くても値段が非常に安いことを「二束三文」というようになった。

　今も、大根一本10円、卵一パック20円など安売りで客を集める店があるが、金剛草履はさしずめその先駆けといえる。

でたらめ――サイコロの目の出たとこ勝負から

「でたらめ」は漢字で「出鱈目」と書くが、これは当て字で、鱈とは無関係である。では何に由来するのか？

　じつは、でたらめの「め」はサイコロの目のことで、サイコロを振って「出たらその目」、つまり「出たとこ勝負」に由来する。そこから、行き当たりばったりの無責任な言動や筋の通らないでまかせなどのことをいうようになった。

　ぼんやりした役立たずを意味する「ぼんくら」も、サイコロ賭博から生まれた言葉だ。ぼんくらの「ぼん」は、バクチで壺を伏せるところに敷く盆茣蓙（ござ）の「盆」。盆の上でサイコロを壺に入れて勝負をする際、勘が鈍（にぶ）くてサイの目の動きを読めぬ者は「盆の上の眼識が暗い」、すなわち「盆暗（ぼんくら）」というわけである。

　このほか、「一か八か」はサイコロ賭博で、サイの目が一の半（奇数）と出るか、八の丁（偶数）と出るかを意味した。また、「四（し）の五（ご）の（あれこれ）いってないで早く決めなさい」の「四の五の」も、丁か半かを決めかねてまごまごする様から生まれた言葉である。

よだれ——昔は鼻から垂れるものもこういった

よだれは「涎」と書き、平安時代以前には「よだり」といった。現代人は、口から垂れるものを「よだれ」、鼻から出るものを「鼻汁（鼻水）」と呼んで区別しているが、元来はどちらも「よだり」といっていた。

『神代記(じんだいき)』の一節に「また唾(つばき)を白和幣(しろにきて)とし、洟(よだり)を青和幣(あおにきて)とし」とある。このうちの「洟」は鼻の孔から出る液、すなわち鼻汁（鼻水）を意味し、これを含めて顔から流れ出る液を「よだり」と総称したことがわかる。

とんちんかん——鍛冶屋の相槌を打つ音から

物事が行き違って辻褄(つじつま)が合わないときなどに、口から飛び出す「とんちんかん」。わけのわからないことやトンマな人に対してもよく使われる。

この言葉の出処は鍛冶(かじ)屋にある。鍛冶屋の相槌(あいづち)は交互に打つが、そのときに放たれる音は、「トンチンカン、トンテンカン」と一緒に揃うことがない。そこから「辻褄が合わない」「ちぐはぐ」といった意味が生まれたのである。

なお、とんちんかんは、漢字で「頓珍漢」と書く。この漢は悪漢や門外漢などに用いられているのと同じで、「人」を意味する。

とばっちり――かかれば顔をしかめるアレのこと

「とんだとばっちりを食ってしまったよ」といえば、近くにいて何かの巻き添えにあったことだとわかる。

「とばっちり」の語源は「ほとばしり」。このうちの「ほ」が欠落して「とばしり（迸）」、つまり、勢いよく飛び散る水しぶきが元の意味である。

さて、この水しぶきの正体は何かというと、ほとばしりの「ほと」も、とばしりの「と」も、どちらも陰部を表す。その陰部から勢いよく飛び散るものといえば、そう、正解は「オシッコ」。

ちなみに、とばっちりは、とばしりの音が変化したものである。

くだを巻く――なぜ酔って絡むことをこういうのか

酔っぱらって、くどくどと絡むことを「くだを巻く」というが、この言葉は、織物用の原糸を管芯に巻きつける「管巻き」からきている。

管巻きは、糸車の管に糸を巻きつける単調な作業の繰り返し。そこから、飲み過ぎて同じことを何度も蒸し返したり、わけのわからないことをぐだぐだ述べたりする状態を「くだを巻く」というようになった。

また、糸車が糸を巻きつけるときにブンブンと音を出すことも、酔っぱらいのうるさいところに見立てたようである。

さて、飲み屋などで、酔っぱらった勢

いで女性をくどいている人を見かけることがある。この「くどく」は「口説く」と書くが、じつは当て字で、くどくど（擬態語）やくどい（形容詞）の「くど」が動詞化されたものだと考える説もある。

いずれにせよ、泥酔して女性をくどくような輩に、功徳（くどく）がもたらされることはなさそうだ。

てだれ——もとは「てだり」といったことから

時代小説などで「てだれの刺客（しかく）のしわざだろう」などと使われる「てだれ」。これは武術や技芸などの腕前の確かな者をいう。腕利き、手利きも同義だが、何といっても手と足の両方そろった「手足（てだれ）」には敵（かな）わない。


「手足」と書いて、もとは「てだり」と読み、それが変化して「てだれ」となった。「て」は仕事などをする能力、「足」は足る（十分）という意味。

ここから能力の十分すぐれた者を「てだれ」というのである（現在は「手練れ」と表記されることが多い）。

戦乱の世にはことに手利き、手足が活躍した。『平家物語』には、「矢つぎ早の手利にてありければ」「傾城を御覧ぜば、手足にねらうて射落とせとの謀（はかりごと）とおぼえ候」と、手利と手足を使い分けて記している。

さじを投げる——投げられたさじはどんなさじ？

今、われわれが日常的に使う「さじ」

は、じつは茶道用の匙のこと。「茶匙」と書いて「さじ」と読ませる。これはかつて用途によって、匙は「茶匙」「香匙（香道に使った）」などと呼び分けられていたことによる。

「さじを投げる」のさじは、本来は「薬匙」と呼ばれ、医者（漢方医）が薬を盛り分けるために使っていた匙である。そこから、重病患者の手当てをして万策尽きたとき、医者は薬の処方を諦めて、患者を見放した。

これがいわゆる「さじを投げる」の語源。現在は、見切りをつけて、物事を断念する意味に使われている。

なお、中国から日本に匙を持ち込んだのは、推古天皇に仕えた小野妹子だとされている。奈良時代、遣隋使だった妹子が、箸とセットで持ち帰ったという。

勝手――自由に振る舞える手は右手か、左手か？

「こりゃ使い勝手がいいや」と新しいパソコンに満足する人、「ほんと勝手なんだから」とぷんぷんする人、「勝手口に回って！」と業者に頼む人……。世の中にはさまざまな勝手がある。

そんな勝手の語源は、「糧」。これには食料の意味もあるが、その食料を料理する場所という意味もある。つまり「お勝手」（台所）というわけだ。

台所に「勝手」という漢字を当てたのは、台所仕事は主に右手でするから。

そもそも弓道では、弓をもつ左手を「押手」、矢をつがえる右手を「勝手」という。矢で獲物を刈ることから、刈る手↓勝手となったのだが、この自在に使える右手が、女性が自由に振る舞える台所のたとえになり、「お勝手」と呼ばれた。

右手のように自在に動くイメージは、のちに、わがまま、気ままなど、自分の都合のよいように振る舞う行為を意味するようにもなったのだ。

上品と下品——「中品」はないかと思いきや…

人のしぐさや態度を見て「上品」「下品」とはいうが、「あの子は中品だねえ」とは聞いたためしがない。では「中品」という言葉はないのだろうか？

じつは中品も含めて上品も下品も、もとは仏教の九品浄土から出た言葉である（品は位、等級の意味）。仏教では、極楽往生をする際に、人を生前の功徳に応じて上・中・下に三分し、さらに上品上生・上品中生・上品下生というように、中・下も含めて九区分した。これを「九品」と呼ぶ。

たとえば、一番上の「上品上生」は深く往生を願う心をもち、大乗方等経典を唱える人。上から4番目の「中品上生」は五戒・八戒を守り、五逆を行わない人。一番下の「下品下生」は五逆・十悪、不善を行う人、となる。

仏の教えの本意は、上品をめざして精

進せよということなのだろうが、厳しい修行を考えたら、下品でもいいような気がしてくる。

五体——体は一つしかないのになぜ「五」なのか？

赤ちゃんが生まれるときに「五体満足でありますように」と誰もが願う。ただ、一個の人間は「一体」であるのに、なぜ五体なのだろうか？

「五体」には諸説ある。①筋、脈、肉、骨、毛皮という説、②頭、両手、両足という説、あるいは、③頭、頸、胸、手、足という説もある。

とはいえ、こうした説のどれが正しいかを判断する決め手はなく、現代では諸説すべてひっくるめて、「全身」を意味するようになっている。これは、「五」を「すべて」と見なし、五体を「体全体」と捉える儒教の考え方に近い。

なお、仏教で「五体」といえば、右膝、左膝、右肘、左肘、頭首をいう。

きんぴらごぼう——金毘羅と関係がある？

「きんぴらごぼう」は日本ならではの惣菜の一つ。ごぼうを炒め煮にして唐辛子を利かせた食べ方は、江戸庶民にも人気が高かった。

それが「きんぴら」と呼ばれるようになったのは、江戸初期に流行した金平浄瑠璃に由来する。

金平浄瑠璃は、坂田金時ら頼光四天王の子たち、とくに「金平」の武勇談を主題にした。

「金平」は金平浄瑠璃の正本の金平本が生み出した架空の超人的豪傑だが、坂田金時の子という設定で大人気を博した。

この浄瑠璃を語った桜井丹波少掾が、ごぼうの炒め煮が固くて辛いことから、「金平」の剛勇無双になぞらえた。それが評判となり、「きんぴらごぼう」の名がついて広まったという。

「金平」は強いもの、丈夫なもの、立派なものを表すことから、「金平糊」「金平足袋」などの商品名にもなった。

ハンバーグ——そのルーツは中央アジアにあり

子どもも大人も大好きな料理といえばハンバーグ・ステーキ。ひき肉に味つけをし、フライパンで焼いたこの料理は、ドイツの港町ハンブルクからイギリスに伝えられたことから「ハンバーグ」と名づけられた。

ただし、料理の原産地は中央アジアである。遊牧民たちが食べていた生のひき肉料理（馬の鞍の下に生肉を敷いて細かくした）がドイツに伝えられてアレンジされ、ハンバーグが生まれたというわけだ。

ちなみに本場のドイツでは、ハンバーグ・ステーキとはいわずにジャーマン・ステーキという。

これが19世紀、大量にアメリカへ移住したドイツ人によって持ち込まれ、ハンバーガー、つまりパンにはさむ簡易な食べ方になった。これが大流行し、アメリカの代表的なお国料理となったのだ。

ろれつ——これが回らないと不調和な音楽になった

酒を飲みすぎたり、脳梗塞を起こしたりすると、舌が回らなくなる症状が起こる。これを「ろれつが回らない」というが、「ろれつ」は「呂律」と書き、音楽の調子、音階を指す言葉である。

呂律の「呂」は陰を、「律」は陽を表し、この呂と律の調和のとれた音階を、昔は「呂律」といった。もとは、呂と律の音階がうまく合わず、本来の調子でないことを「呂律が回らない」と表現していたが、今は、言葉の調子、ものをいう調子がおかしいときにも使う。

酒でろれつが回らなくなった人からはそっと離れ、梗塞を発症した人へは適切に対処するようにしたい。

白眉——白い眉をしていたのは誰だったか？

「白眉」は同種の中で最も傑出していることを指す言葉で、その出典は中国の『三国志』にある。

三国時代、蜀の劉備には馬良という名参謀がいた。馬良は秀才ぞろいの五人兄弟の長兄である。兄弟はみな字に常という字がついていたので、五兄弟は「馬氏の五常」と才名をうたわれていた。

とくに長兄の馬良の評価が高く、たまたま彼の眉には白毛が混じっていたので、人々は「馬氏の五常、白眉最も良し（馬氏の五常の中でも、白い眉が一番だ）」といった。そこから「白眉」は、兄弟の中で最も秀でた者、転じて現在のように使われるようになった。

ちなみに「泣いて馬謖を斬る」（218頁参照）の馬謖は、馬良の弟である。

めりはり——もとはメリカリといったって?!

「もっとめりはりのある生活をしなきゃダメだよ」などと、物事の強弱や緩急をはっきりさせるときに使うのが「めりはり」だ。

これは邦楽用語から出た言葉で、音を低めや弱めに出す「減る＝ゆるむ」と、音を高めや強めに出す「張る」の抑揚をいう。世阿弥の『風姿花伝』には、能楽の技法に触れて「調子を減らせて謡ふべし」とある。

「減る」と「張る」がくっついて名詞化したのが「減り張り（めりはり）」なのだが、もともとは「めりかり」といっていたという。

この場合の「かり（上り、甲）」は尺八などで出す高い音をいうが、用語として使う頻度が低かったため、近世以降、「はり」にとって代わられたようだ。

「減る」に関していえば、「気が滅入る」などの「滅入る」もじつは当て字で、「減り入る」が縮まった「減入る」が本来は正しい。

エクレア——シュークリームと同じフランス語だが…

スイーツブームで、洋菓子の名前もずいぶん増えた。しかし、昔から変わらないのが「シュークリーム」と「エクレア」である。

シュークリームの「シュー」が、フランス語でキャベツの意味だと知っている人は多いかもしれない。では、エクレアのほうはどうだろうか。食べたことはあっても、名前の由来まで知る人は少ないだろう。

じつはエクレアは、フランス語で「エクレール」と発音し、「電光」「稲妻」という意味。

そのココロは、上にチョコレートがコーティングしてあるぶんだけ、食べるのが難しい。チョコレートが溶けてしまわないうちに、「電光石火のごとく、ほおばれ！」という意味で名づけられたのだとか……。

だらしない――「あたらしい」との意外な関係とは？

何の違和感もなく使われている日常語の中には、逆さに使われてそのまま定着したものがある。「倒語」や「逆さ言葉」というが、たとえば「だらしない」もその一つだ。

「だらしない」は、もとは「しだらない」といっていた。「しだら」には、物事のなりゆき、状態、行状などのほかに「締まり」という意味もある。だから「しだらがない」のは「締まりがない」のと一緒。つまり、今の「だらしない」と同じ意味で使っていたというわけだ。

「あたらしい」も、もとは「あらたしい」といっていた倒語の一つである。ただし、こちらの「あらた」は、「あらたなる挑戦」「認識をあらたにした」のように、今も元の言い方をとどめて使われている。

野暮——その語源は農夫か、楽器か?

洗練されていない無風流な人間を「やぼ」という。江戸時代には吉原などの遊里に精通した男は粋とされ、その逆は、「やぼな男」として見下されていた。「やぼ」は「野暮」と書き、その語源は「野に暮らす人」つまり「農民」にあると考えられている。しかし、一方でこんな説もある。

雅楽に使う笙(しょう)という楽器は17本の管を備えているが、そのうちの「也(や)」と「亡(もう)」の2本の管からは音が出ない。中国の古い時代の笙では音が出たのだが、後世では見せかけだけの役立たずに成り下がってしまったのである。

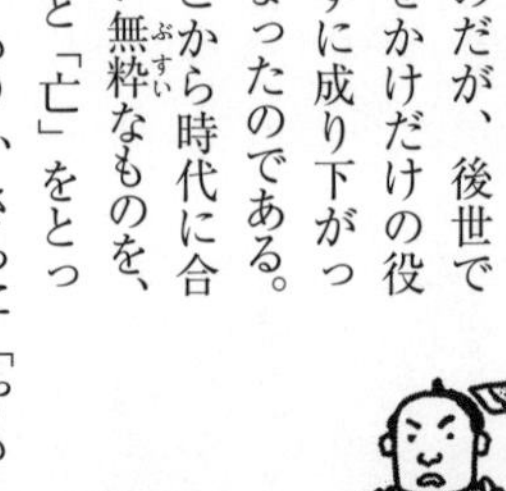

そこから時代に合わない無粋(ぶすい)なものを、「也」と「亡」をとって「やもう」、さらに「やも」→「やぼ」と語形変化して、江戸時代に「野暮」の字が当てられたという。

しんどい——「辛労」が訛ってしんどう→しんどい、に

1970~80年代にかけて、英語の「now(今)」に日本語の形容詞「い」をつけた「ナウい(今風の)」という言葉が流

行った。

　この「ナウい」のような成り立ちをもつ言葉が、古くから存在する。その好例が「しんどい」である。

「ああ、しんどい」と、ため息をつくときの「しんどい」という語は、すでに18世紀半ばには現れていた。その語源は「辛労(しんろう)」。つらい思いで働くことを意味し、そのまま「心労」という言葉にもつながっている。

　この「しんろう」を訛(なま)って「しんどう」という人がいた。訛ったうえに「う」を省略し、形容詞の「い」をつけた。それが「しんどい」である。

　同様の例では「気の毒」という名詞に「い」をつけた「気の毒い」という方言（博多弁）もある。

スター——夜空の星と、やはり関係がある？

　人気のあるタレントや歌手、役者のことをスターという。彼らは星のようにキラキラ輝いているからだろう……と思いきや、これは誤解だ。夜空の星とは何の関係もない。

　昔、いちばん人気のある役者が舞台に最も近い楽屋に入る習慣があったといい、その楽屋の入り口のドアには、目印として星のマークがつけられていた。ここから、花形役者をスターというようになったという。

　ただ、なぜ星のマークだったのか、そもそも誰がそういうマークを楽屋のドアにつけはじめたのかは、今もって謎のままだ。

日本でスターという言葉が定着したのは、大正時代のこと。主に、大物映画俳優をスターと呼んだ。しかし、最近では、大スターと呼べる芸能人も減り、スターシステム、オールスターキャストといった言葉も死語になってしまった。

お土産——「見上げる」からこそいい贈り物ができる

旅行では家族や友人に土産を買うことも楽しみの一つ。では、その語源は何だろうか。

「土産」は、じつは「見上げる」という言葉に由来している。ただし、「見上げたもんだ」の見上げるではない。「よく見る」という意味だ。

古語辞典によると、「よく見、選んで、人に差し上げる品物」が土産ということになる。旅行に行った先で価値ある結構なものをしっかりと見て選び、大切な人への感謝の気持ちで贈るのが、土産物の精神なのだ。

旅先で土産のことばかり気にしている人は、案外、この精神を最もよく体現している人なのかもしれない。

ところで、日本語の土産は「贈り物」の意味合いが強いが、英語の「スーベニア（souvenir）」は「思い出」という意味を内包し、旅の記念品とでも訳したほうがいい。

同じ土産でも、日本人は他人のために、西洋人は自分のために買うということなのだろう。

うんざり——飽き飽きすることをなぜこういう？

「妻の愚痴を聞くのはうんざりだ」「社長の長い挨拶にはうんざり」というときの「うんざり」。このうち「うん」の語源はどこにあるのだろうか。

これには大きく三つの説がある。一つは「うんじはてる」の「うん」。「嫌」という意味で、「嫌で嫌でたまらない」といった感情を表す。二つ目は「倦む」で、「飽き飽きした」というニュアンスだ。

三つ目は、肥沃という熟語にも使われている「沃」に由来するという説。ふつうはヨクと読むが、「う」という読み方もあり、満ち足りている（＝飽きる）様子を表しているという。

では、うんざりの「ざり」のほうはどうか。こちらは「～の状態にある」を表す「ずあり」の変形だという。たとえば、前記の「倦」にくっつくと「倦ずあり」→「うんざり」になる。

二の足を踏む——いったいどんな足を踏むの？

尻込みしたり、ためらったり、決断がつかずぐずぐずしたり。そんなこんなをひっくるめて「二の足を踏む」という。では、二の足とはどんな足のことか。

「二の足を踏む」は、一説に雅楽に語源があるといわれる。

雅楽の踊りで、まず右足を出し、次に左足を出す場合、最初の一歩は肝心要のところだ。それだけに緊張して、「はて？

左右どちらを先に出すべきだったか」と一瞬頭が空白になることがある。

その結果、足を前に出しそこねて、左右2本の足が同じところで足踏み状態になってしまう。そんなことから、迷いためらうことを「二の足を踏む」というようになったという。

たまに「二の舞いを演じる」（他人がしたのと同じ失敗をする）と混同して「二の舞いを踏む」という人がいるが、誤りだ。

しのぎをけずる——白熱の勝負をした刀から

スポーツの試合は、始まったとたんに勝ち負けがわかるようでは興ざめだ。最後まで手に汗握るような展開になることが望ましいが、そんな互角の戦いぶりを称して「しのぎをけずる」という。

「しのぎ（鎬）」とは、刀身の刃(は)と峰(みね)の間の小高くなっている部分をいう。同じ力量の武士は、丁々発止(ちょうちょうはっし)の勝負をするとき、この鎬が削り落ちるほど激しく斬り合う。このことから、互角の勝負のことを「鎬を削る」といった。

現代は競争社会で、しのぎを削る場面が至る所にある。受験、就活、昇進、競合他社との売り上げ争い……。よく「凌ぎを削る」と誤記されるのは、「凌ぎ」（苦しい局面に耐えて切り抜ける）が、厳しい競争のイメージに重なるからかも？

スリ——懐を狙う泥棒をなぜこういう？

江戸時代にはスリのことを「昼鳶(ひるとんび)」と

呼んだ。これはなかなか知恵を使った愛称といえそうだ。

　ご存じのように、トンビというのは目利きが鋭く、獲物に狙いをつけると一瞬のうちに掻(か)っさらっていく。

　スリもそのへんの生態は同じである。英語で「ピックポケット（pickpocket）」というように、トンビとの違いは、彼らの狙いがもっぱら他人の懐(ふところ)やポケットの中にあることだ。

　スリの表記としては「掏摸」が一般的である。しかし、これはもともと中国発の漢字で、日本語としては「摩」と書くのがより正しい。というのも、「摩」は摩(ま)擦(さつ)の摩であり、「こすりあう」という意味をもつからだ。

　スリの技術と力量は、つまるところ、人と体を接し、こすりつけながら発揮されるものなのである。

火蓋を切る——戦闘開始の意味になったわけは?

　スポーツ競技や選挙戦などの幕開けに「火蓋を切る」という表現が使われる。多くが「戦い」の場面に使われるのは、この言葉の語源が、日本に最初に入ってきた鉄砲（種子島銃）に関わるからだ。

　当時の銃はいわゆる火縄銃で、銃身についている縄に火をつけ、それを火皿に盛った起爆薬（口薬）に点火し、弾を発射する。

　ざっとそんなしくみだが、この銃の銃身には蓋があり、それを開けてから点火する仕掛けになっている。その蓋を「火蓋」といった。「火蓋」を切って初めて発射可能となることから、「火蓋を切る」は戦闘開始のキーワードになった。

ただ、今日では「幕を切って落とす」と混同して「火蓋を切って落とす」という言い方をよく耳にする。これは誤用で、「落とす」は余計である。

イモリとヤモリ——語源を知れば区別がつく！

今では、イモリとヤモリの区別がつかない人も多いはず。しかし語源を聞けば、少しはすっきりするかもしれない。

イモリは両生類で、お腹の部分が鮮やかな赤。黒い斑点がまだらにあり、背は黒か暗褐色だ。棲み処は池や沼、小川、田んぼ、井戸など。ミミズや小さな虫、腐った草などを食べることで「井を守る」からイモリと名づけられた。

一方、ヤモリは爬虫類に属し、イモリより偏平で体色は暗褐色の斑点がある灰色。家に棲みつき、天井や壁などに張りついて、蚊や蛾、ハエ、クモなど、人間や家にとって害となる虫を食べる。

そう、こちらは「家を守る」からヤモリなのである。

あすなろの木——明日なりたいのはひのきだった

井上靖の自伝的小説『あすなろ物語』。

このタイトルにもなっている、あすなろの木を見たことがあるだろうか。

高さ10〜30メートル、太さは直径90センチメートルほど。樹皮が灰褐色の大木である。これに対して「ひのき（檜）」は、高さ30〜40メートル、太さは1〜2メートル。あすなろよりずっと大きく、樹皮は赤褐色だ。

二つの木は非常によく似ているが、大きさと樹皮の色で見分けがつく。そしてひのきのほうが、はるかに堂々として立派に見える。

昔の人々は、あすなろのコンプレックス（?）を憐れんだのかもしれない。もっともっと大きくなりたい、「明日」は檜に「なろ」うという気持ちを酌んで「あすなろ」と名づけ、これに「翌檜」という漢字を当てたのだ。

マグロ――黒いのは体？ それとも目？

寿司ネタで何が好きかと問われたら、やはり外せないのはマグロだろう。

だが、関西では昔からマグロのような赤身の魚は低級な食べ物とされて、ふだんはヒラメなどの白身魚を好んで食べたようだ。

江戸でも当初は寿司ネタにマグロを使わなかった。というのも、漬け込む方式の押し寿司しかなかったので、酢によって魚肉が白く変色してしまい、見た目に美しくなかったからだ。

しかし、江戸前の握り寿司が考案されると、ネタが変色しないことから握り寿司に使われるようになり、マグロは寿司ネタの代表格となった。

ところで、マグロの語源だが、一説に体の色が黒いから「真黒」だといわれているが、じつは眼が黒いから「眼黒」というのが本当のようだ。

村八分――残りの二分とは何なのか？

江戸時代、仲間はずれにしていじめることを「村八分」といった。これは、集団によるリンチ（私的制裁）のようなもので、村（共同体）の規約などに違反した者に対して慣習的に行われた。

村八分の「八」は、人と人との付き合いを10の項目に分け、そのうち8までの交際を絶つことを意味する。つまり、①冠、②婚、③葬、④建築、⑤火事、⑥水害、⑦病気、⑧旅行、⑨出産、⑩年忌とある中から③葬と⑤火事の二つを除いた8項目については、付き合いを一切しないという掟にしたのだ。

葬式と火災の被害に遭ったときしか、仲間から声をかけてもらえないのだから、これは精神的にも大変な苦痛だったことだろう。無視ほど怖いいじめはない。

三三九度――新郎新婦が飲む酒をこういうわけ

三三九度は、「三献（さんこん）の儀」とも呼ばれ、夫婦の契りを結ぶ儀式として神前結婚式では欠かせないものになっている。

この儀式では、3段に重ねられた盃に神酒を注ぎ、一の盃（小）、二の盃（中）、三の盃（大）の順で、新郎新婦が交互に3回、計9回いただく。

掛け算の九九を持ち出すまでもなく、「3×3＝9」が三三九度の意味するところだが、なぜ「三」と「九」かといえば、中国の陰陽道の影響で、奇数が縁起のよい数字と考えられてきたからだ。

なかでも三という数字は、「天・地・人」を表し、これを三つ重ねた「九」もまた陽の至極数に当たり、「このうえなくめでたい」となったのである。

半畳（はんじょう）を入れる――差し挟むのは口なのに、なぜ畳？

「半畳を入れる」という言葉を聞いたことがあるだろうか。「茶々を入れる」と同じで、人が話をしているところへ、あれこれと口出しすることをいう。

「半畳を入れる」は、江戸時代の芝居小屋の観客に語源がある。

当時、芝居小屋では「半畳」といって、ちょうど畳半分ほどのゴザを客に有料で貸し出していた。

客はその上に座って芝居見物をするわけだが、肝心なところで役者がトチったり、あまりに下手くそだったりすると、客は抗議の気持ちを込めてその半畳を舞台に投げつけた。

客にしてみれば「冗談じゃねえや、こちとら木戸銭（きどせん）を払って見てんだぜ」といった気持ちだろう。

1〜2枚ならともかく、大勢でこれをやられたら片付ける側もたまったものではない。

千鳥足——やはり酔っ払いのように歩くのか？

千鳥というと、今ならお笑いコンビの顔を思い浮かべるだろうが、かつては「千鳥足」という言葉がまず浮かんだ。

酒に酔って、フラフラ、ジグザグ、まっすぐ歩けない。そんなよろめいた足取りを称して「千鳥足」というのは、千鳥の歩き方がまさにそれだからである。

千鳥はシギに似た鳥で、左右の足を交差させ、まるで足を踏み違えたように内股で歩く。これは、通常の鳥が支えにしている後ろ指が千鳥にはないためだ。

前3本の指だけで歩くものだから、どうしてもチグハグな歩き方になってしまう。それは致し方ないにせよ、酔っぱらいにたとえられるのは、千鳥にとっては不名誉な話かもしれない。

布団——丸くないのにこういうのは？

みたらし団子も団子っ鼻も、丸い形をしている。そもそも、「団」という言葉には「丸い」という意味があるからだ。

一方、フトンはふつう「布団」と書く。「団」がつくからこれも丸いのかというと、必ずしもそうではない。丸いクッション（座布団）はあるものの、敷布団や掛け布団が丸いという話は聞いたことがない。

じつは、布団の「布」は当て字で、本来は「蒲団」と書くのが正しいようだ。「蒲」というのは植物の蒲（がま）のことで、蒲の葉で編んだ丸い円座、あるいは蒲の穂を布で包んで円形にした敷物を「蒲団」といったのである。

真っ赤な嘘――青でも白でもなく、赤であるわけ

「嘘は雪玉のようなもので、長い間転がせば転がすほど大きくなる」

宗教改革で知られるマルティン・ルターの言葉だ。確かに人間は嘘をつく。それも1回にとどまらない。そして日本人は、「真っ赤な嘘」という言葉をよく使う。いったいなぜ「真っ赤」なのか?

「真っ赤な」は嘘を強調するための言葉(形容詞)だが、じつは色彩のことではないという説がある。つまり、「明らかな」の明が、色彩の赤と音のうえで混同されたというわけだ。

しかも、この明には、まったく、すっかりなどの意味があるため、「真っ赤な嘘」はまったくの嘘ということになる。

あなたまかせ――まかされたのは阿弥陀如来だって?!

「そんな、あなたまかせのやり方でどうするんだ!」と怒られてしゅんとなる。

だが反省する前に、ちょっと考えてほしい。あなたまかせの「あなた」って、いったい誰のことなのか?

この場合の「あなた」とは、畏れ多くも、阿弥陀如来のことだ。阿弥陀如来は、仏になる前は法蔵と名乗っており、その修行中に立てた48の誓いを「阿弥陀四十八願」という。

その18番目の誓いを「王本願」という

が、それは「どんな悪人でもかまわない。心の底から私を信じ、極楽浄土に生まれ変わりたいと願う者がいて、わずか十遍でも南無阿弥陀仏と私の名号をとなえたなら、その者を必ずこの西方極楽浄土に生まれるようにしたい」というもの。

その教えを広めたのが法然である。称名念仏、つまり「南無阿弥陀仏」と念仏をとなえるだけで救われるという浄土宗の開祖となった。

このように「あなたまかせ」とは、本来は他力本願、つまり阿弥陀如来の本願におまかせすることだった。それが今では、他人をあてにする無責任な態度を指すようになったのである。

ごまかす――胡麻を使った見掛け倒しのお菓子から

外見をよくしても、中身が伴わなければ、そのうち素性が知れてしまう。「ごまかし」はきかないものだ。

江戸時代後期に、「胡麻胴乱」という菓子があったという。この菓子は、小麦粉に胡麻を混ぜて、それを大きく焼いてふくらませただけで、中身が空っぽだった。そんな見かけ倒しの胡麻菓子が、転じて「ごまかし」になったという。

胴乱とは、採集した植物を入れる円筒状の容器などを指すが、胡麻胴乱もそんな形をしていたのだろうか。

餡（あん）も何も入っていない空っぽの最中（もなか）状のものだとすれば、当然物足りない。その不満から、見かけ倒しのものを「ごまかす」というようになった。

毛嫌い――「嫌い」にわざわざ「毛」をつけるのは？

理由もなく、感覚的に受けつけないことを「毛嫌い」という。イヤなら単に「嫌い」といえばいいのに、なぜ「毛」をつけて「嫌い」というのか。

毛嫌いの「毛」は、毛並みのこと。馬の種つけをする際、雌馬が雄馬を嫌ってうまくいかないことがある。そんなときに「馬も相手の毛並みによって、好き嫌いがあるだろう」と、やさしく思いやる気持ちから生まれた言葉だという。

これに対して、闘鶏用語だという説もある。近世の『板坂卜斎（ぼくさい）覚記』に「鶏を合せ候に、向うの鳥、一方の鳥を見て退き候、是れ下々にて、気ぎらひと申し候」とあり、「気ぎらい」からの転訛（てんか）だろうとみる説である。

馬と鶏の違いはあるけれど、どちらも毛並みを嫌って、種つけや闘いがうまくいかない点は共通のようだ。

道化――仏道をわかりやすく説こうとした姿が茶化された

大道芸やサーカスでは、ピエロのような「道化師」が登場する。日本の歌舞伎にも道化を演じる役者がおり、道化方や道外方（どうけがた）と呼ばれている。

ふざけた演技で人を笑わせる「道化」

は、いっけん、仏道とは何の関係もないように見えるが、じつは大あり。そもそもが仏教用語から出た言葉なのだ。

仏教でいう「道化」は、道法をもって教化することをいう。僧たちは仏教を広めるために諸国を巡り歩き、辻に立って説法を説いた。その際に、客寄せではないが、ふざけた身ぶりや滑稽な話を交えて民衆の興味・関心を引こうとした。

その心を知ってか知らずか、民衆は本来まじめな「道化」を「道化る」と動詞化し、ふざけたり、おどけたりする意味の言葉として使うようになったという。

ちゃんぽん——お酒ではなく意外や、楽器の音から

「ちゃんぽん」と聞いて、長崎を連想するか、お酒を連想するかは人それぞれ。いずれにしても、外来語と勘違いしている人も多いようだ。

じつはこの言葉、「ちゃん」は鉦、「ぽん」は鼓を打つ音を表している。つまり、鉦と鼓を「ちゃん、ぽん」と合奏したのである。ここから、違う種類のものを混ぜこぜにすることを「ちゃんぽん」というようになった。

ビール、日本酒、ワイン、ウイスキーなど、いろいろな種類の酒を飲むのが「ちゃんぽん」。「長崎ちゃんぽん」には、肉、魚介、野菜がごちゃまぜで入っている。

デカ——明治時代の刑事の服装「角袖」がルーツ

刑事ドラマ好きでなくとも、刑事を「デ

カ」と呼ぶのを知っているだろう。べつに体が大きいわけではないのに、なぜそう呼ぶのか？

じつは「デカ」は、明治時代の刑事たちの服装にちなんだ言葉である。一般の巡査が洋服の制服を着用していたのに対し、私服の刑事たちは角袖（かくそで）の着物を身につけていた。

刑事を煙たがるやくざやバクチ打ちは、刑事を「カクソデ」の隠語である「クソデカ（糞デカ）」と呼び、上半分を略して「デカ」にしたという。

やくざ——「三枚」というカルタを使ったバクチから

いまだ街中（まちなか）でドンパチやっているその筋の人たちを「やくざ」と呼ぶ。暴力団と呼ぶよりは、口になじんでいるからだろう。

「やくざ」という言葉が生まれたのは、江戸時代後期のことで、語源は、「三枚」というカルタのバクチにあるという。

配られた3枚の札の合計数が勝負。9点が最高であるのに、8・9・3の札がきたのでは合計が20、すなわちカスで、最悪のブタになる。そこで役に立たない札のことを「八九三」に掛けて、「やくざ」と言い始めたという。

そのバクチ打ちの仲間内で使われていた隠語がどういうわけか、彼ら自身を指す呼び名になってしまったわけだ。

「やくざ」はやがて無宿渡世の遊び人なども指すようになり、さらには素行の悪い人や正業に就く気のない怠け者、不良の徒などは、「やくざ者」と呼ばれるようになった。

たらい回し——数人でたらいを足で回す曲芸から

未開封のお中元やお歳暮のたらい回しならまだしも、役所や就職斡旋（あっせん）先でのたらい回し、病院のたらい回しは願い下げである。

このように嫌われがちな「たらい回し」だが、もとは江戸っ子たちの人気を呼んだ曲芸の一つだった。

「たらい回し」とは、曲芸師が仰向けに寝て足でクルクルとたらいを回す曲芸のこと。複数人が寝転がり、適当な頃合いを見計らって、順送りにたらいを受け渡していく。

その様子から、一つの物事を最後まできちんと処理せず、無責任に送り渡すことを「たらい回し」というようになったのだ。まさに言いえて妙ではある。

羽目を外す——「はめ」は馬に噛ませる「はみ」だった

「つい、羽目を外しちゃって」というときの「羽目」。これは何のことなのか。

「羽目」は、暴れ馬を制御するための「馬銜（はみ）」に由来する。馬銜は馬の口に噛ませる棒状の金具で、荒馬を調教するときには、まず馬の口に噛ませるものだ。

「はめ」がうまくかかると好走するが、「はめ」を外すと暴れたり、自由に走り回ったりして制御不能になる。「はめを外す」とはそんな状態になることを指した。「はめ」には、のちに「羽目」の字が当てられる。これは家の外壁に張る羽目板のことで、内と外の境目の意味をもつ。

　調子に乗って大暴れしたり、度を過ごしたりすることは、この境目を超えることにほかならない。つまり、節度の一線を越えてしまうことが「羽目を外す」なのだ。

ちゃきちゃき——江戸っ子がよくいうけれど…

　東京生まれの人が自己紹介するとき、「ちゃきちゃきの江戸っ子です」ということがある。「ちゃきちゃき」は、生粋（きっすい）の、本場のといった意味だが、本来は「ちゃくちゃく」というのが正しい。

　つまり「ちゃきちゃき」は、「嫡々（ちゃくちゃく）」が訛った言葉。これは「清和源氏の嫡流」などというときの嫡流の意で、武家の正統の血筋をいう。

「幸ひに、義平（よしひら）、源氏の嫡嫡なり、御辺（重盛（しげもり））も平家の嫡嫡なり、敵には誰かきらはん。よれやくまん（寄ってこい、さあ組もう）」と、『平治物語』（待賢門（たいけんもん）合戦）にある。源氏の御曹司、平家の公達（きんだち）こそが「嫡嫡」だったというわけである。

　しかし、花のお江戸に代々住む江戸っ子としては、「てやんでい、こちとらちゃきちゃきでい！」との思いもあったろう。正当性をアピールするかのように、

「ちゃきちゃき」を使い始めた。

これには、花のお江戸の羽ぶりのよさを誇る意味も込められている。

だしに使う——用済みでほっぽり出すことを、なぜこういう？

「かつおのだしじゃあるまいし、私をだしに使ってうまいことをしようなんて、そうは問屋がおろさないわよ」

こんなふうにいう女性がいたら、「だし」の意味を勘違いしている。

自分の都合のいいように人を方便に使うことを「だしに使う」というが、このだしこそまさに、かつおだしに代表される「だし」のことだ。

かつては、どの家でも味噌汁や煮物などの出し汁を、昆布やかつおぶしなどのだしでとった。旨味が汁によく出たところで、だしは取り出されるが、旨味は抜けきっているので味もそっけもない。そのままポイとご用済みになる。

そんなことから、何事かの手段、方便、口実に使って、あとはほっぽり出すことを「だしに使う」「だしにする」というようになったのだ。

門前払い——追い払われたのはどこの門？

弟子入りしたくて何度も師匠の家の門をたたき、「門前払い」を食わされた。芸能人や工芸職人の中には、そんなエピソードを披露する人もいる。

しかし、「門前払い」の本来の意味からすれば、そのエピソードはひた隠しにすべき筋あいのものだ。

「門前払い」とは、江戸時代の刑罰に由来し、追放刑の中で最も軽い刑をいう。門前とは、奉行所の門前のこと。つまり、奉行所の門前から追放されるわけだ。「以後、奉行所を煩わすことなどするなよ」という温情のこもった「門前払い」は、大岡裁きなどでもよく出てくる。

門を閉ざすという意味から転じて、訪ねてきた人に面会せずに帰らせる態度が「門前払い」である。その意味からすると、大学受験の共通テストでの足切りを「門前払い」というのは理にかない、語源に近い用法といえる。

一方、家に招じ入れ、因果を含めて説得した末に帰らせるのは、本末の「門前払い」に反する。家に上げて会って話してはいけないのである。

冷奴——豆腐と奴さんの意外な共通点って？

切って薬味をのせるだけで手軽に食べられる「冷奴」は、暑い時期にピッタリである。さて、この冷奴の「奴」とは、大名行列で槍持ちをしている「奴さん」からきている。

奴さんは、撥鬢・鎌髭の姿で、主人の行列に槍や長柄、挟箱をもって供先を務めるが、その衣装には「釘抜き」という四角い形の紋がついている。

この四角い紋から、四角い豆腐のことを「奴豆腐」、四角に切ることを「奴に切る」というようになった。

そもそも奴さんは、江戸時代の武家の

奴僕で、「やっこ」と促音で呼ぶほかに、「やつこ」とも呼んだ。そもそも「奴」の語源は、しもべを意味する「家つ子」なのである。

ちなみに、第三者をぞんざいに呼ぶときの「あいつ」「こいつ」「やつ」なども、「奴」から出た言葉である。

釣り銭――魚釣りとはなんの関係もないって?!

世界はキャッシュレスの時代に突入しているが、日本はちょっと立ち後れており、まだまだ現金払いが多い。そのため、買い物のたびに釣り銭を受け取ることになる。

ところで、釣り銭にはなぜ「釣」の文字があるのか？　魚釣りと関係があるのだろうか？　それを知るには、貨幣がない時代にさかのぼる必要がある。

大昔、人々は物々交換によって必要な物を手に入れていた。海に近い人は魚を、家畜を飼っている人はその肉をもって、交換の場所へ出かけたのである。

このとき、自分のほうが多く取りすぎたと思った場合は、あとから超過分に相当するものを相手に返却するしきたりがあった。

現代人なら少しでも多く取ろうと知恵を絞るところだが、当時の人々は公平感が強く、いつも「釣り合い」をとることを重要視した。

こういう事情から、「釣り銭」に「釣」の字が当てられるようになったのだ。魚を釣る釣とは何の関係もない。

斜に構える——もとは何を斜めにすることだった？

物事を正面から見ず、皮肉やからかいを含んだ態度で臨む。これを「斜に構える」という。

「斜に構える」の「斜」は、「しゃ」と読んでも「はす」と読んでもかまわない。

さて、体を斜めにして相手を見下すような態度をとるから、「斜に構える」のかと思っている人も多いだろうが、じつはそうではない。

これは、剣術で刀の先を相手にまっすぐ向けず、斜めに傾けるという戦法から生まれた。要は、これから始まる戦闘に向けて十分な準備をするということだ。

たとえば、少し古いが眠狂四郎の「円月(えんげつ)殺法(さっぽう)」も、そんな戦法の一つといえるだろうか。

剣術では、刀を斜に構えたからといって戦いに負けるわけではないが、人生で斜に構えてばかりいると、誰からも相手にされなくなるので要注意だ。

トウモロコシ——「モロコシキビ+トウ」からキビが落ちた

野菜のトウモロコシという名には、「トウ（唐）」と「モロコシ（唐土）」という、二つの中国の呼び名が入っている。

トウモロコシが、日本で本格的に栽培されるのは明治以降。それより以前は中国から輸入されていた。日本に紹介された当初、これが日本のキビに似ているというので、まず「モロコシキビ」という名前をつけられた。

さらに「トウ」がついたのは、室町時代に始まった勘合貿易以来、輸入物には、新しい舶来品という意味で「唐」をつける習慣があったからだとされる。

つまり、中国から輸入される「モロコシキビ」に、新たに「トウ」をつけ足し、代わりに「キビ」を取り除いたのが「トウモロコシ」なのである。

ただし、トウモロコシ自体は、もともと中米が原産である。コロンブスがヨーロッパに持ち帰り、それが大正7(1579)年、ポルトガル人宣教師によって、

日本にもたらされたという記録も残っている。

ブドウ——そのルーツは古代ギリシアまでさかのぼる

ブドウが中国から日本に入ってきたのは、奈良時代のこと。その当時すでに「葡萄」と書かれ、「ブドウ」と読まれていた。ブドウは、かなり古い言葉だとわかる。

では、「葡萄」は、中国語で何と呼ばれていたかというと、「プータォ(putao)」である。日本に伝えられた直後は、当然わが国でも、発音をまねて「プータォ」と呼んでいたはずだ。

ところが、この「プータォ」、中国にとってもまた外来語なのである。

中国に伝えられたのは、アレキサンダー大王が勢力を奮っていた紀元前4世紀のこと。ペルシアを滅ぼし、ギリシア世界を中央アジアにまで広げていたころ、「プータォ」もシルクロードを通じて伝来した。

もともと、ギリシア語では「ボトルス(botrus)」といい、これを似た音の漢字「葡萄」で表し、「プータォ」と呼ぶようになったという。

ブドウの原産地は古代ペルシアといわれるが、語源もはるかアレキサンダー大王の時代までさかのぼれるのだ。

ツバメ――昔は鳴き声が「ツパッ、ツパッ」と聞こえた

昔からツバメは、ヘビやカラスに襲われないように人が住む環境に巣をつくるといわれてきた。

ツバメが出入りする家は安全が保たれ、店であれば商売が繁盛すると信じられ、農家にとっても害虫を食べてくれる、ありがたい鳥だった。

そのツバメを最近あまり見かけなくなったのは、日本がだんだん住みにくい場所になっているからだろうか。

ツバメの語源は、土をくわえて営巣する「土食み（つちはみ）」にあるとの説もあるが、鳴き声に由来するという説もあり、こちらが有力である。

「ツパッ、ツパッ」と鳴くから、これに鳥の群れを表す接尾語「メ」をつけて、「ツバメ」（古名はツバクラメ）と呼ぶようになったという。

ブランコ——「バランコ」が訛って「ブランコ」になったが…

「ブランブラン」揺れるからブランコかと思ったら、そう簡単な話ではない。

ブランコの歴史は意外に古く、江戸時代には日本に輸入されていた。ただ、当時は、ブランド、ブラココ、ブラッコなど、いろいろな呼び方があり、統一した名称はなかった。

これらの名称は、異国の言葉に由来する。「バランコ（balanco）」というポルトガル語が訛って、「ブランコ」へと変化していったという。

とはいえ、日本ではなぜ「バラ」が「ブラ」になったのか。「ブラブラ歩き」のブラではないかという説もあるが、はっきりしない。

4章

エッヘン！話せば鼻タカな語源65

がんばる　もとは「目をつける」の意味で使われた

「がんばる」ほど日常よく使われる言葉もないだろう。この言葉で表明されるのは、いうまでもなく、強い意志と忍耐である。だが、本来は、目をつける、見張るという意味で使われた言葉で、「眼張る」と書いた。

近松門左衛門の浄瑠璃『薩摩歌』に、「この屋敷へこっそりうづんだ（埋めた）ことも眼張っておいた。さあ、見受けの金せうわい」とあり、目をつける、にらみつけるなどの意味で使っている。

この言葉は江戸時代に生まれたが、その後、我意を張り通すという意味で「我張る」と書いた。さらに転じて、今では「頑張る」と書くようになっている。

確かに「がんばる」と意志を漲らせている人間は、目をキッと張っているものである。

居候　公文書に「居ります」と書く人のこと

「居候三杯目にはそっと出し」という川柳でおなじみの居候は、他家に身を寄せ、食事などを賄ってもらっている人のことで、食客ともいう。

江戸時代後期の言葉で、居は「居る」、候は「ある」の丁寧語。この二語を合体させて、これこれの者が「居ります」という意味になった。

江戸は、大江戸八百八町といわれるほどの大都市だったので、住人は公文書にもれなく届け出をする必要があった。そこで「弥次郎兵衛方居候　北ハ」などと記して、同居人であることを示したのである。

野心　飼い主に歯向かうやまいぬと狼の子から

「彼は、あれでなかなかの野心家だよ」といえば、大きな希望をもち、大胆な試みに挑戦しようとする気概の持ち主を称揚する意味合いを含んでいる。

この「野心」という言葉は、「豺狼（さいろう）（やまいぬと狼）の子は、人に飼われても山野を忘れず、人に馴れ親しまず、飼主をも害す」という中国の故事に基づいており、『春秋左伝』には「諺（ことわざ）にいわく、狼子の野心、是れすなわち狼なり」とある。

豺狼は、貪欲で残酷な獣の代表格とされており、「飼主をも害す」とあるように、しばしば極悪非道の人にたとえられる。

このように、人間の「野心」は、もともと危険思想と見なす語であったが、現在では冒頭のように、肯定的なニュアンスで使われることが少なくない。

のろま　天才人形師が使った「野呂松人形」が語源

江戸時代の庶民たちの楽しみの一つに、人形浄瑠璃見物があった。操り人形を使い、人生と人情の機微を表現する芝居である。

その人形の使い手に、野呂松勘兵衛という人物がいた。彼は、人形浄瑠璃の幕間に行われる間狂言に登場し、汚い服装のいびつな人形を操ることを得意とした。

その人形の特徴は、平たい頭と青黒い顔。おまけに動きが鈍く、話すことも滑稽である。

ここから、勘兵衛の人形を「野呂松人形」、のちに「野呂間人形」と呼ぶようになった。やがて「のろま」という言葉が独り歩きし、動作が鈍いことや愚かなことを指すようになった。

もちろん、勘兵衛自身がのろまだったわけではなく、人形遣いとして一流の腕をもつからこそ、後世まで彼の名は残ったわけだ。

ブレザー その由緒正しい起源をご存じ？

制服の定番といえばブレザーだが、正しくは「blazer」と綴る。こだわるなら、「ブレイザー」と発音するほうが、原音に近い。

その語源は、①「炎」を意味する「ブレイズ（blaze）」と、②大英帝国海軍の軍艦「ブレイザー号（HMS Blazer）」のいずれかに由来するといわれる。

まず①の説。大学対抗ボートレースの会場で、ケンブリッジ大のボートクラブの女性たちが揃いの真紅の上着を着用したところ、その様子が美しく、燃える炎のようだと絶賛されたことから「ブレイザー」と呼ばれるようになった。

次に②の説。軍艦ブレイザー号の乗組員があまりにもだらしない格好だったため、濃紺の上着を作ってユニホームとした。これが乗組員のトレードマークになったことから、このユニホームを艦名から「ブレイザー」と呼ぶようになった。

どちらも、19世紀半ばのイギリスの話で、もしかすると同時多発的に生まれた言葉なのかもしれない。

ぐれる ハマグリの殻を逆さにするとぴったり合わないことから

「ぐれる」とは、一般に「道を踏み外して不良化する」「見込みが外れる」ことをいう。この語源は、意外なことに、貝のハマグリにあるという。

ハマグリは、中世貴族の優雅な遊びである貝合わせで使われた。ハマグリの貝殻を左貝と右貝に分け、ぴったり合う貝を多く選びとった者が勝ちというゲームで、貝の裏に絵や、歌の上の句・下の句などを書き込んだりもした。

その貝合わせの際、ハマグリの殻を逆さまにしたのではぴったり合致しない。つまり、ハマグリを逆さまにした「ぐりはま」では物事が食い違う。

「ぐりはま」は「ぐれはま」ともいい、これが動詞化して「ぐれる」。転じて、堕落して身を持ち崩すことを指すようになった。最初に使い出したのは江戸っ子たちである。

なお、ハマグリ自体の語源は89ページに紹介しているので、参照していただきたい。

きしめん

もとは碁石状の麺でお坊さんのおやつだった！

天むすやういろうと並ぶ名古屋名物が「きしめん」。この語源もなかなか面白い。

きしめんを漢字で書くと「碁子麺」。文字通り、きしめんを碁石(ごいし)に由来している。平べったいひも状の麺と丸っこくて小さい碁石がどう結びつくのかピンとこないが、じつはその昔、きしめんは碁石形に打ち抜かれた形をしていたのだ。

鎌倉時代、禅宗のお坊さんの間で、この碁石形に打ち抜いた麺を茹でて、きなこ粉をかけたものをおやつとして食べる習慣があった。

そのときのいわゆる「碁子麺」が、江戸時代以降、現在と同じ平べったい形に変わったが、「きしめん」の名前はそのまま残されたのだ。

はかがいく

はかどらないと「はかなく」なる?!

「ベテランのAさんに手伝ってもらわないと、はかがいかないよ」というときの「はか」は、漢字で「捗」と書く。物事がしだいに仕上がっていく進み具合や、やり終えた量をいい、「はかがいく」とは、はかどるという意味だ。

この「はか」は、『源氏物語』などによく登場する「あはれにはかなく」「いとはかなしう物し給ふこそ」の「はかなし」と起源を同じくする言葉である。「はかなし」には、物事が変転して定まるところがない、不安である、頼りにならないなどの意味がある。

「はか」は、「計る」「捗どる」などの語根（単語の基本単位）で、計測の基準になる一定の分量をいう。工事などの「捗」と、「はかなし」ではまるで異なる印象があるが、じつは「はかなし」も、「はか」のいかないことを心理的に表現したもので、源は同じなのである。

「はかなし」に漢字を当てると、「果敢無し（または果無し）」となる。果敢は、思い切りがよく大胆なこと。その否定形の「果敢無し」には、どうしても頼りない弱々しいイメージがつきまとう。

刎頸の交わり

首をはねられても悔いがない厚い友情

「刎頸の交わり」とは、生死を共にする親しい交際のこと。相手のために自分の頸（首）をはねられても悔いがないほどの深い友情をたとえたもので、出典は『史記』の「廉頗藺相如伝」だ。

戦国時代、趙という国に廉頗と藺相如という名将がいた。廉頗は、藺相如が出世して自分よりも上位にいることを不満に思っていた。

ところが、藺相如は、自分が上位にあることをひけらかす素振りもなく、「強国の秦がわが国を侵略しないのは、ひとえに廉頗と私が一致協力しているからだ。もしわれわれが争えば、秦の思うつぼだ」と語った。

廉頗とて、秦の脅威にさらされている趙の国の将来を思う気持ちに変わりはない。藺相如の見識と人柄に感服した廉頗は、私的な不満を抱いたことを恥じて、「刎頸の交わり」を結んだという。

蛇足 蛇に足があってはいかにもだが…

無用なもの、余計なものを「蛇足」という。これは『戦国策』の中の故事に由来する。

楚の国で、ある主人が召使いたちに酒をふるまった。ところが、酒の量が少なく全員に行き渡らないので、みんなで相談し、地面に蛇の絵を描こうとなった。すなわち、一番早く描き上げた者が酒を独り占めできるように取り決めたのだ。

一人の召使いが真っ先に仕上げて酒を手にしたが、ほかの者がまだ描いているのを見て、「足だって描けるぞ」と、蛇に足を描きだした。

しかし、彼が描き終わらないうちに、別の一人が絵を完成させてしまう。そして「蛇には足なんてないよ。足をつけたらそれは蛇ではないね」といって、酒を奪い、うまそうに飲みほした。

このように、調子に乗って要らぬことをしたために物事を台無しにすることがある。口から出る蛇足も同じ。余計な一言は、酒のように呑み込むのが無難だ。

コツ つかむには骨が折れる?

「大丈夫、すぐにコツはつかめるよ」というときの「コツ」。その語源は、ずばり「骨」にある。

骨は体の基盤となる骨組みだけでなく、

広く芸道などの形の基礎となる大切なもの。そこから、物事の勘どころ、要領、要点などの意味をもつようになった。

骨（こつ）という漢字は、日本語としてあまり馴染まないせいか、ほとんどの場合、平仮名書きかカタカナ書きである。確かに、「早く骨をつかみなさい」と書けば、お骨拾いでもするようで違和感がある。

日和（ひより）　日が寄る＝天気がよいことから「ひより」

かつては、近所の人と「いいお日和で」などと挨拶したものだが、今では「お日和」といっても通じないかもしれない。

「日和」の語源は、「日寄」にあるといわれる。日（太陽）のほうに寄るという意味から生まれた言葉で、好天、空模様、天候具合という意味で使うことが多い。

天気がよいということから「行楽日和」「運動会日和」などの語も派生した。また、「待てば海路の日和あり」のように、事の成りゆきや雲ゆき、形勢などを表す用法も生じた。

たとえば「日和見（主義）」なども、ここから転じてできた語。しっかりした定見をもたず、自分の有利な側につこうと二股かけて形勢をうかがう態度をいう。

綺羅星の如く　語源を知れば正しく読める！

「綺羅星の如く居並ぶ」は、地位の高い人や著名人などが大勢居並ぶことをいう。

ただ、この語を口にする際、人によっては「きらぼしのごとく」と句点を打たないことがある。「綺羅星」を「キラ星」の意味に取り違えているためだが、正しくは「きら、ほしのごとく（綺羅、星の如く）」と区切って読む。

「綺羅」とは、綾絹（あやぎぬ）と薄衣（うすぎぬ）で、美しくきらびやかな装いを表現したものだ。着飾ることを「綺羅を飾る」ともいった。

「綺羅」は、栄華を極め、威光の盛んなさまをいう場合にも使われた。『平家物語』には「綺羅充満して、堂上花の如し（きらびやかな人たちが大勢いて、まるで花のようだ）」「世の覚え、時の綺羅めでたかりき」といった記述がある。

平家の全盛期には華やかな衣装が、今は名前がきらきらする時代である。

しゃかりき
お釈迦様のパワーはすごかった

営業成績が落ちたときに「もっとしゃかりきになって働け！」などと、発破（はっぱ）をかけられるもの。だが、この「しゃかりき」、どういう意味かおわかりだろうか。

「しゃかりき」は、漢字を当てると「釈迦力」、つまり釈迦の力のことをいう。釈迦は人々の救済のために、あらん限りの力を尽くした。

これにたとえて、仕事などに一心不乱に取り組むことを「しゃかりき」というようになったのである。

釈迦は29歳で出家し、6年間の苦行の

末に悟りを開いた。仏陀（ゴータマ・シッダールタ）となって初めて人々に行った説法は「初転法輪（しょてんほうりん）」と呼ばれるが、この転法輪とは古代インドの戦車を表す。

すなわち、戦車が走ってその車輪で敵を粉砕するように、釈迦の教えが衆生（しゅじょう）の間を回転し、迷いを打ち破ることを意味したのである。

うやむや　漢字では有耶無耶と書いた

真に気骨のある国のリーダーはありやなしや。国会中継で「うやむや」な答弁を聞くたびに、そう感じる人も多いのではないか。真相や責任の所在などをあいまいにし、闇に葬ることを「うやむや」にするという。

うやむやは漢字では「有耶無耶」と書く。「耶」は、疑問や反語、感嘆などを表す字だ。

『古今集』に「名にし負はばいざ言問（こと と）はむ都鳥　わが思ふ人はありやなしやと」という在原業平（ありわらのなりひら）の歌があるが、「有耶無耶」は、この「ありやなしや」を漢文調に表記し、音読みにしてできた言葉だ。

物事の結末や態度がはっきりしないときにいう。

結構　本来は構造や組み立てを褒める言葉だって?!

「結構です」といえば、申し分ない、満足、という意味だ。ところが「もう十分、要りません」の意味で使うときにも「結構です」という。

日本語のあいまいさを象徴するような言葉だが、「結構」は、その字面が示す通り、構造や組み立てを意味する。

有名なことわざに「日光を見ずして結構というなかれ」がある。日光東照宮を見ないうちは、建物の構造の見事さを語る資格がないという意味である。

このように、本来は文章や建造物に対して、その組み立てや構築がすぐれていることを褒める言葉だったが、今では「結構なおもてなしで」「結構なご身分ですな」など、より広義に使われる。

一挙手一投足

語源に秘められた汗と涙の物語とは？

「一挙手一投足」は、一つひとつの細かな動作、ほんの少しの労力などを意味するが、この言葉は、唐の四大詩人の一人、韓愈に由来している。

韓愈は苦学の末、科挙（官吏の登用試験）の進士科に合格したものの、推薦者がいなかった。そこで自らの力量を知ってもらおうと、文書をしたためて試験官に送った。

その中で彼は、自分を「水を得たときは風雨を呼んで天まで登れる怪物」にたとえ、こう述べた。「もしこの窮状を哀れんで、力のあるあなたが水際まで運んでくださるというなら、それは一挙手一役足の労にすぎません」。

一度手を上げ、一度足を動かすということから、本来は「ほんのわずかな労力」という意味だったのだ。

なお、試験官にこのような手紙を送る

ことは、適当な推薦者がいない者の通例だったらしい。とはいえ、韓愈の場合は努力の甲斐もなく、3年連続落第という憂き目にあっている。

ほくそ笑む　笑ったのは、みんながよく知っているあの人

思い通りに事が運べば、誰だってにんまりするものだ。それにしても、ほくそ笑むの「ほくそ」とは、何とも奇妙な響きの言葉である。

この「ほくそ」とは、北叟（中国北辺に住む老人）のこと。じつは、中国の故事「人間万事塞翁が馬」で知られるあの塞翁のことを指す。どんな故事かというと、次の通り。

塞翁の馬が逃げてしまったが、駿馬を連れて戻ってきた。塞翁の子がその駿馬から落ちて骨を折ったが、そのために兵役を免れた。村の青年は全員戦死したが、彼は足が不自由だったため助かった。

人生の幸・不幸は変わりやすく、定まらないものであるというのが「塞翁が馬」の教えるところである。

塞翁は、不幸が起きても泣かず、幸運が来ても喜ばなかった。いつのときも少しだけ口元を緩めた。それが「ほくそえむ（北叟笑む）」の由来だったのだ。

焦眉の急　眉が焼けることにたとえたのは誰？

東日本大震災が起きたとき、政府をはじめ各方面から「被災地救援が焦眉の急だ」という声が聞かれた。

「焦眉」は、火が眉を焦がすこと、すなわち危険がさし迫っていることを意味する。したがって「焦眉の急」ともなれば、これ以上ない切迫した急難を表す。

「焦眉の急」という言葉は、中国南宋代に編まれた禅僧史『五灯会元』に由来する。この書物の中に、次のような僧侶同士の問答が見られる。

「急切（状況がさし迫る）とはどんな状態をいうのでしょうか」

「火が眉毛を焼くときだ」

心に動揺があっても泰然としている様子を「眉一つ動かさない」というが、焦眉の急ともなれば、そんなわけにもいかないだろう。

なお、風前のともしび、喫緊の課題も同類の言葉である。

博覧会

福沢諭吉の造語がきっかけで明治政府が開催した

『学問のすゝめ』で知られる福沢諭吉は、幕府で翻訳方をつとめ、翻訳者としても第一級の仕事をした。諭吉が翻訳で生み出した日本語は、「家庭」「自由」「西洋」など多々あるが、「博覧会（Exhibition）」もその一つ。

彼が著した『西洋事情』の中にこんなくだりがある。

「西洋の大都会には、数年ごとに産物の大会を設け、世界中に布告して各その国の名産、便利の器機古風奇物を集め、万国の人に示す事あり、これを博覧会と称す」

文明開化を説いていた政府は、博覧会

こそ国民の啓蒙にうってつけと考えたのだろう。明治5（1872）年に、わが国最初の「博覧会」が公開された。

展示物は、元禄小袖、フランス製のハサミ、ナイアガラ瀑布の絵など、骨董品の域を出ないとりとめのないものだったが、連日大入りとなり、20日間の予定を1か月間延長している。

演説　スピーチをこう訳したのも福沢諭吉

もう一つ、福沢諭吉由来の言葉を紹介しよう。諭吉は明治元（1868）年に慶応義塾を開いたが、同大学には「三田演説館」という建物がある。諭吉はここで、慶応義塾や、啓蒙思想団体・明六社の人々を集めて、演説の稽古に励んだ。

そんな中、諭吉は英語の「speech」を「演説」と翻訳した。「演説とは英語で『スピイチ』といひ、大勢の人を会して説を述べ、席上にてわが思ふところを人に伝ふるの法なり」。

三田演説館を拠点にしたことで、自由民権運動の流行と共に、口頭での意見発表という新しい文化「演説」は広まった。

もともとこの言葉は仏教で使われていたが、諭吉らの「演説」は、神官や僧侶の説教に飽き足りなかった一般大衆の心をつかみ、自由民権の演説会を盛況に導くことになった。

横車を押す　なぜ無理を通すことをこういうのか？

「危ないからやめとけ」というのに、「絶

対大丈夫だから」と聞く耳をもたない。「押してもダメなら引いてみな」の理屈も通じない。こんな「横車を押す」ような人は、どこの世界にもいるものだ。

「横車」とは、自動車のことではなく、大八車のこと。徳川4代将軍家綱の時代に、江戸で明暦の大火（1657年）が起きた。この復興にあたった大工が、木材を運ぶために大八車を発明した。

この大八車は車輪が二つあり、先を人が引っ張ることで、カーブも容易に曲がれる。しかし、横から押そうとすると動かなくなる。縦に押すように作られているのだから当たり前である。

そのため、道理に合わぬことを強引に押し通すことを「横車を押す」というようになった。棒や薙刀などを横にして振り回すことも同じように呼ばれる。

「横」を使った類似語に「横槍を入れる」「横紙を破る」などがある。

付き合い　人と交流することと連歌との意外な関係

上司、同僚、友達、恋人、家族、親戚、近所。うれしいものから嫌なものまで、「付き合い」にはさまざまな形がある。

「付き合い」は、室町時代に盛んに行われた連歌・俳諧の用語からきている。

たとえば連歌では、最初の人が五七五の前句（長句）を詠み上げる。次の人はこれに意味が通るように七七の付句（短句）をつなげていく。また次の人は、これまでの五七五・七七につながる五七五を詠み上げる。

このように、次から次へと句をつないでいく連歌の作法を「付合（つけあい）」と呼んだ。

この付合が、やがて連歌や俳諧の会合（付合の会）をもつための寄り合いの意味になり、さらに転化して、いろいろな人たちとの交流の意味でも使われるようになったのだ。

捨てぜりふ 最初に残したのは誰？

任侠映画を観ていると、引き際に「おととい来やがれ」などと捨てぜりふを残す場面によく出合うが、もちろん彼らの創造物などではない。「せりふ」という言葉からも察しがつくように、芝居から出た言葉である。

芝居は脚本に沿って進行するのだが、役者が舞台へ出たり引っ込んだりするとき、とりわけ、舞台から引っ込むときには脚本にはない「せりふ」が役者に要求された。

これは今でいうアドリブのようなもので、どんなセリフをいうかはその場の雰囲気に合わせて役者が考えることになっていた。

引き際の一言で芝居全体が生きもすれば死にもする。それだけに「捨てぜりふ」は腕の見せ所でもあり、才能のバロメーターでもあった。

引き際は「捨てぜりふ」で決まるといっても過言ではない。

しゃもじ

杓子の「しゃ」に「もじ」をつけた女房詞

昔の社会では、自然の恵みを大いに利用していた。瓢簞もその一つだが、単に水筒に使っただけではない。横に輪切りにして柄をつけ、水などを汲む「ひしゃく」を作った。

ひしゃくは当時の瓢簞の呼び名「ひさご」からきており、それがさらに「しゃくし（杓子）」に変わった。

さて、室町時代に宮中の女官の間で、女房詞が生まれた。雨はおしめり、醤油はむらさき。そういった上品な言葉である。その一種に「文字詞」というのがあり、頭の一音節をとってその下に「もじ」という言葉をつける。

たとえば、かつら（添え髪）を「かもじ」という具合にだ。それと同じように、「しゃくし」を語源とし、最初の一音節「しゃ」に「もじ」をつけたのが「しゃもじ」なのだ。

爪に火をともす

昔、倹約すれば本当に爪に火がついた！

さまざまな詐欺が横行し、爪に火をともすようにして貯めたお金を騙し取られる事件が後を絶たない。

さて「爪に火をともす」とは、「倹約の極み」を表現した言葉だが、なぜ、そういえるのか。

昔は燭台や行灯に火をともして灯火とした。燭台の油皿から芯が出ていて、それに火がともるわけだが、芯を長くすればそれだけ明るくなる半面、油の消費量も増える。

そこで、芯を一度に長く出さず、ほんの少しだけ出す。それが短くなったらまた少しだけ出す。すると、摘まもうとする芯が短いがために、時として爪に火がついてしまう。

つまり、「爪に火をともす」とは、油を倹約するあまり偶発的に招いてしまう事態であり、決して自ら好んでそうするわけではないのだ。

ことわざ　神の「言」＋「業」がその語源だった

説得力を強めるために、ことわざはしばしば引用されるが、「ことわざ」という言葉自体にはどんな由来や意味があるのだろうか？　本居宣長は『古事記伝』で、こう述べている。

「こと」は言、「わざ」は童謡・禍・俳優などと同じわざである。神や死霊が祟ることを「もののわざ」というし、人の口を借りて神がいわせた言葉が「ことわざ」で、神の心であり、人の口を借りることで吉凶を人々に諭したものをいうのが、やがて世間に広く言い慣わされた——。

これをもとに考えると、ことわざとは、「こと（言）」と「わざ（業）」からなる神の心を体した言葉が、広く人口に膾炙したものと理解できる。

なるほど、だから、「石の上にも三年」などといわれると、辞表を出そうと思っていた心もぐらついてしまうのだろう。神の力は偉大である。

御意見番　まさに、急所を握る器量のある人

「御意見番」はどんな世界にもいる。悪くすればフィクサー的な存在にもなりかねないが、本来はその世界が暴走しないように舵取りをする人なのだろう。

というのも「御意見番」の語源となったのは、講談などでもおなじみの大久保忠教（ただのり）、通称彦左衛門だからである。

徳川家康、秀忠、家光と三代に仕え、彼らに指南し続け、そのうち「天下の御意見番」として自他共に認めるところとなった。

「舵取り」役である以上は、物事の大事なポイントである「急所」を握る器量が必要である。彦左衛門はその点、十分すぎる資格があったようだ。

大坂冬の陣で家康が危機に陥ったとき、彼は、やおらむんずと家康の「急所」を握り、そのフクロの縮み具合から「家康殿は大丈夫、落ち着いておられる」と家康の度量を鑑定したという逸話がある。

駆け引き　「綱引き」とは逆の原理であるわけ

相手が引いたら、こちらも引き返す。そうしなければ負けてしまうのが「綱引き」だ。

しかし合戦にあっては、この原理は必ずしも通用しない。相手が引いたらこちらは押し、相手が押したらこちらは引く。状況を見て「押しと引き」をうまく使い分けるのが合戦のコツとされる。

昔の合戦では、敵に向かって攻め進むことを、馬に乗って駆けることから「駆く」といった。そして、後退することを手綱を引くことに掛けて「引く」といった。これが「駆け引き」の語源である。

約束 いったい何を束ねるのか?

人は毎日のように誰かと約束をするが、さまざまな取り決めのことをなぜ「約束」というのだろうか。

約束の「約」は、糸を引き締めて結び、目立たせた目印のこと。「束」は、集めた小木に紐を回して締めつける(縛る)ことを示す。

そこから、動きがとれないように縛る、行動に緩みがないように引き締めるという意味が生まれ、日程や予定などの取り決めを表す言葉になった。

約束した内容をメモしたり、脳内に刻んだりするのは、どこかの場所に目印として括り束ねておくということ。つまり、逆の見方をすれば、約束とは「忘れてはいけない」と自分自身を縛ることでもあるのだ。

クローバー 日本で「ツメクサ」と呼ばれるわけ

クローバーとはマメ亜科シャジクソウ属の総称。ツメクサ、シロツメクサ、ムラサキツメクサなど多くの種類があるが、このツメクサは漢字で「詰草」と書く。

なぜ、こんな異名がついたのか?

その由来は、江戸時代に行われたオラ

ンダとの貿易にまでさかのぼる。当時、オランダからはガラス器などが輸入されていたが、輸送中に壊れる恐れがあったため、製品の間にパッキング（詰物）をして破損を防ぐ必要があった。

本来はおがくずを使うが、不足していたため、シロツメクサを乾燥させたものを代用した。つまり、草を詰めたので「詰草」というわけである。

このとき使った草の種は全国にばらまかれ、おかげで今は日本各地で観察できるようになっている。

浮足立つ　その語源は水泳か、相撲か？

不安や恐怖で落ち着かず、つま先だけが地面についているような状態を「浮足立つ」という。歴史をひもとくと、その一典型を源平合戦に見いだせる。

治承4（1180）年10月、平家の東征軍と、源氏の頼朝、武田信義（のぶよし）連合軍が富士川をはさんで対峙した。

勢力はほぼ同じ。しかし平家側は、その地盤である西日本が飢饉（ききん）で苦しんでいたり、京都出発前に大将クラスがケンカをしたりで軍の士気は落ち、全体が「浮足立って」いた。

その挙げ句、水鳥がいっせいに飛び立つ音に驚き、われ先にと逃げ出してしまった。これが有名な富士川の合戦である。

「浮足立つ」の語源は、水泳で足を浮かせて泳ぐテクニックにあるとも、相撲で爪先立ちになることにあるともいわれる。

いずれもスポーツに由来があるとしてい

るが、競技の世界では、浮足立って逃げ腰になるのは、観ていてもつまらないものだ。

なお、株取引の世界でも相場が変動して不安定になることを「浮き足」といっている。

源氏ボタルと平家ボタル

源平合戦は関係ない？

世界には約2000種類が存在するが、水性ホタルはわずか10種類ほどにすぎず、そのうち3種類が日本に生息しているという。その3種類の中の二つが、源氏ボタルと平家ボタルだ。

一般に、体の大きいほうを源氏ボタルと呼び、それより小さいものを平家ボタルと呼んでいる。源氏と平家の名を冠していることから、語源を源平合戦に求める説が多いが、一方でこんな説もある。

源氏ボタルは、もともと「験師（げんじ）ボタル」と呼ばれていた。この験師とは山伏（やまぶし）のことで、大きなホタルの見事さを褒（ほ）め称（たた）える意味でこの名が贈られたという。

ところが、いつの間にかそれが「源氏」という表記に置き換わり、それとの対比で小さいほうを平家ボタルと呼ぶようになったというわけだ。いずれにせよ、体の大きい源氏ありきの平家のようだ。

ブリ

脂が乗っているからなのか？

ブリは脂の乗りが身上といってもよく、そのことが名前の由来とされる一つの理由にもなっている。

たとえば、江戸時代の本草（ほんぞう）学者・貝原（かいばら）益軒（えきけん）は「脂多き魚なり、脂の上を略する」と述べているが、これはつまり「アブラ（脂）」から「ア」をとった「ブラ」が、「ブリ」に転じたとする説を裏づけるものだ。

また、ブリは成長するにつれて名前が変わる出世魚であることから、「年を経た魚」という意味で「フリウヲ（経魚）」と呼ばれ、上の「フリ」が濁音化して「ブリ」になったという説もある。

さらに、「身がブリブリしているから」といったダジャレっぽい説もあるなど、これだという決め手がない。

菓子　そのルーツは果物だった！

ダイエット中は我慢をしいられるクッキーやケーキなどのスイーツ類は、総称して「菓子」と呼ばれている。しかし、菓子のもともとの意味は「果物」である。

この語源を探ってみると、「くだもの」の「く」は「木」のことで、「だ」は現代の「の」を表す古代の助詞。つまり、「木のもの」＝「木の実」のことである。

一方、菓子の「菓」は、果物の「果」に通じ、とすれば、「木の子」ということで、これもまた木の実を表す。そんなわけで、「菓子」と「果物」はまったく同じものであることが理解できるのだ。

こうした言葉の成り立ちからもうかが

えるように、日本の菓子は、果物の甘さを手本に発展してきたといえるだろう。

おみおつけ　みそ汁と、いったいどう違うのか？

「御御御汁」と書いて何と読むか？　正解は「おみおつけ」である。

「御」が三つもついているから、高貴な人が口にする特別な汁物かと思うが、何のことはない、われわれが飲む「みそ汁」のことである。

とはいっても、語源をたどっていくと、ちょっぴり異なる側面も見えてくる。

「おみおつけ」は昔、「御実御汁食」と書かれていた。「御汁」の上に「御実」が乗ることで、具だくさんを象徴している。さらにダメ押しのように「食」という字を最後につけ、汁を飲むのではなく、具を食べることを暗示している。

つまり、「おみおつけ」と「みそ汁」は、具の量に違いがあり、たとえば、今の豚汁などは前者に相当する。

もちろん、これは諸説ある中の一説で、「おみ」を味噌、「おつけ」を汁と解釈する説もある。

そして「御」という接頭語を三つ重ねていることから、庶民ではなく、宮中で食された汁物を女房詞で表現したものともいわれる。

世帯　所帯が訛ってできた言葉だって?!

「私たち結婚して世帯をもちました」と聞いて、疑問に思わなかったら要注意。人が結婚してもつのは「所帯」であって、世帯ではないからだ。

「所帯」は帯（お）びる所というのが、もともとの意味。つまり、異性と一緒になって身に帯びる職業や家・財産といった付帯的状況を所有するということだ。

一方「世帯」は、所帯が「しょたい」→「しぇたい」と訛（なま）ってできた言葉で、「しぇ」に「世」を当て字してできた。意味はほぼ同じだが、少なくとも語源上の脈絡はないというべきだろう。

江戸時代ごろまでは用法もほぼまったく同じで「世帯をもつ」という言い方もされたが、現在は「世帯主」などのように、主に行政上の用語として区別されている。いわば「所帯」をもって「世帯主」になるというわけである。

ススキ　その生いたちは「ササ」と同じ！

秋の七草の一つ、ススキ。その語源に定説はないが、野にあってひときわ背が高く、スースーと生えていることから「ススキ」といったものらしい。

短絡的すぎるきらいもあるが、笹だって風が葉の間をサーサーと音を立てて通り過ぎるので「ササ」というのだから、間違いだとも言い切れない。

ススキは、日本ではふつう「薄」と書くが、中国語ではこの漢字にススキという意味はない。「薄」には「むらがる」という意味があり、それがススキの群生する様子に見立てられてこの漢字が用いられたのだろう。

「芒」と書く場合もあるが、これは中国語でもススキを意味する。草のとがった穂先のことをいい、文字通りススキの形を表している。

カラス 由来は色から？ それとも鳴き声から？

鳥の名前には鳴き声をもとにしたものが多い。たとえばスズメ、カモメなど「メ」のつく鳥は、その上の部分が鳴き声を模したものだといわれる。

カッコウなどはその典型で、「カッコー、カッコー」と鳴くことが名の由来とされるが、これは、イギリス（cuckoo）や中国（郭公）をはじめ、世界各国に共通して見られる傾向である。

この点、カラスは「色」に由来するといわれ、江戸の学者、新井白石などは「黒し」が語源だと述べている。英語の「クロウ（crow）」も、新井白石の説を支持しているような印象だ。

しかし、鳴き声説もある。『大言海』には「カは鳴く声、ラは添へたる語、スは鳥に添ふる一種の語」と解説されているし、言語学者の金田一春彦も「恐らく、カラが鳴き声の模写、スはカケスやホトトギスなどのスで鳥という意味だろう」と述べている。

こけにする 「世間虚仮唯仏是真」の「こけ」と同じ

愚か者のように軽くあしらわれたときに「よくも俺をこけにしてくれたな」などと怒ることがある。

この「こけ」は「苔」のことではなく、仏教用語の「虚仮(こけ)」のことである。

　虚仮は、実体のないこと、外面と内面とに相違があることを意味する。ただし、人も悟りの境地に至れば、すべての虚仮は消え去り、ありのままの姿である実相が現れると仏教では教えている。

　とはいえ、悟りの境地よりは浮世に身も心もどっぷり浸ってしまうのが人間の性(さが)。式亭三馬(しきていさんば)『浮世床』には「やたらにちんぷんかんぷんばかりいって、こけをおどしていたが」と、当時すでに考えの浅い愚か者を指して使ったことがわかる。

有頂天　物質が有る世界の頂点だから

　宝くじが高額当選したり、プロポーズにOKをもらったりすれば、単なる喜びを通り越して、天にも昇ったような気分になる。そんな気分を「有頂天」という。

　仏教では、世界を欲界、色界、無色界の三界に分ける。欲界はさまざまな欲望の存在する世界。無色界は精神だけの世界である。「有頂天」は色界に属する。

　色界は欲望を離れた世界ではあるが、無色界には達しておらず、物質が存在している。この存在（有）の頂点なので「有頂天」というのだ。

駆け落ち　戦国武士が駆けるように落ちのびることだった！

　昔は、交際や結婚を親に反対されると、最後の手段として共に逃避行した。今もゼロではないのだろうが、「駆け落ち」という言葉はそう聞かれない。

この言葉はもともと戦陣用語で、戦国時代に負け戦となった武士が、駆けるように落ちのびることを指した。江戸時代になると「欠落（かけおち）」と書き、今の法律用語の「失踪」と同じ意味に用いられた。

これは、年貢に追われたり、悪事をはたらいて行方をくらましたりする目的で他郷に逐電（ちくでん）した農民などのことをいい、「欠落」の字は戸籍台帳から欠け落ちるところからきている。

幕府が安定期に入り、大規模な農民の欠落が不可能になると、代わって相思相愛の男女の逃亡にも欠落が適用され、のちに手を取り合って必死に逃げる様子から「駆け落ち」の字が当てられた。

観念する
もとは一心に観察することだって?!

刑事ドラマでは、「観念しろ！」と刑事が容疑者に迫るシーンがよく登場する。もうあきらめろということだが、なぜ「観念」にはそんな意味があるのだろうか。

「観念」とは「観想念仏」の略語で、浄土宗の開祖・法然（ほうねん）が唱えた念仏の方法である。

念仏といえば、一般人は、南無阿弥陀仏を声に出して唱えることだと考える。しかし、この観想念仏は、仏道修行の中で行われ、阿弥陀仏と極楽往生を一心にされることが基本とされる。

その修行法は、阿弥陀仏の髪の先から足の裏まで細かく思い浮かべるものから、ある一点だけにじっと思いを凝らすものまで多種多様である。

一心に観察し、思念すると、覚悟（悟りの境地）が得られる――。それが法然の教えだった。

ところが、この観想念仏が、略して「観念」といわれるようになると、並行してその意味も、腹を決める、あきらめるという俗人による解釈で通用するようになってしまった。

挙げ句、取調室に持ち込まれ、「観念しろ！」と、刑事の常套句にもなったのである。

なしのつぶて
掛け言葉のしゃれからきていた

メールをしたが返事がこない。送金したが品物を送ってこない。このように、連絡が何もないことを「なしのつぶて」という。

漢字では「梨の礫」と書く。梨は「無し」と掛けたしゃれ。礫は小石のこと。投げた礫は返ってこないことから、音沙汰のないことに使う。

そのような「なしのつぶて」は恋愛に絡むものが多く、もともとはラブレターの返事がないことを指した。

しかし今では、不誠実な相手や悪質業者の対応などで、何の音沙汰もないことを非難する意味で「なしのつぶて」といったりもする。

足を洗う

洗ったのはもっぱら僧侶だった

人間、悪事をはたらくときは「手を染める」という。ならば、悪事から離れる際は手を洗えばよさそうだが、そうはならず、「足を洗う」という。なぜ足なのか？

昔、インドの僧侶は、裸足で托鉢（たくはつ）を行った。経文を唱えながら家々の前に立って、食べ物の施しを受けて回り、その日の行を終えて庵に帰ると、汚れた足を洗い清めてから信者に法談を行った。これが「足を洗う」の起こりである。

この場合の足を洗うとは、単に泥で汚れた足を水で洗い落とすことのみをいうのではない。俗世間の煩悩を洗い清めて心身共に清浄になることだ。

好ましくない生活を送るなどして俗事の垢にまみれることは、僧侶が裸足で外を歩いて泥にまみれるのと同じ。やはり洗い清める必要がある。

そんなことから、ヤクザや娼妓などが堅気（かたぎ）になることを「足を洗う」というようになったのだ。

鼻もちならない

「鼻もち」と臭いとの関係は？

やることなすことすべてが不愉快。そんな人を指して「鼻もちならない」という。鼻という字がつくくらいだから、何か臭いに関わる言葉なのだろうか。

この言葉の語源は、まさにその臭気に耐えるという意味の「鼻もち」からきている。

つまり、臭気が我慢できないほどはなはだしいというのが、「鼻もちならない」の本来の意味である。

それが今では、実力もないのに大口をたたく人、目上に挨拶しない人、可愛い子ぶりっ子する人……臭いとは何ら関わりのない無限の不愉快に対して使われている。

冷たい その語源は「爪痛し」から

凍てつくような寒い日は、指先がかじかんでジンジンする。水を使うとなおさらで、爪先がしびれたように痛くなる。「冷たい」の語源は、まさにそこからきており、「爪痛し」が「冷たし」になったという。まさに昔の人の生活実感から出た言葉なのだ。

「冷たい」と感じるのは、夜具にもぐり込んだときも同様で、思わず足先を縮めて「つべたい！」と叫んだともいわれる。

「冷たし」の語幹の「冷」は、麻布の夜具や綿入れのことを指し、「おひえ」ともいった。蒲団＝暖かいものになったのは後世のことで、平安時代には、外でも内でも「冷たし」だったようだ。

仏の顔も三度まで いったい何が「三度まで」だった？

「仏の顔も三度までだぞ」と誰かに注意されたことはないだろうか。人の好意に甘えて好き勝手をしていると、いつか雷が落ちる。ものには限度があることをこの言葉は教えている。

ところで、仏は何に対して腹を立てたのか？　現在のことわざからはうかがえないが、これが使われ始めた江戸中期にまでさかのぼれば、一目瞭然。

もとは「仏の顔も三度撫ずれば腹立つ」といっていたのである。

顔は人格を表すところだから、その顔を何度も撫でるということは、馬鹿にしているのと一緒。いくら慈悲深く、寛大な心をもつ仏でも、ついには堪忍袋の緒が切れてしまうというわけだ。

無鉄砲　怖いもの知らずだから鉄砲は不要？

「無鉄砲」は後先のことをよく考えず、むやみに行動することをいう。危険を顧みない怖いもの知らずということだ。

その字面から、鉄砲をもたずに敵地に乗り込むようなイメージがあるが、じつは当て字。有力な語源説は三つあり、それぞれ①無天罰、②無手法、③無点法に由来するとしている。

①無天罰…天罰を知らない、つまり天罰を恐れずに、向こう見ずな行動をとること。

②無手法…正しい方法ややり方を知らない、つまり物事のやり方が無茶苦茶ということ。

③無点法…漢文に読み方を示す訓点がついていないこと。訓点がなければ、読みにくくて意味がはっきりつかめない。つまり、計画性がなく何をしでかすかわからないということ。

有力な説だけあって、どれもそれらしく感じる。一つだけ選べといわれても、無鉄砲では狙いが定まらないかも?!

はったり 語源は税金を徴収することから

「ちょっとはったりをかましてやったよ。ちょろいもんよ」

この「はったり」とは、こちらの足もとを見透(みす)かされないために、大きな態度に出て相手を威圧することをいう。

語源は、王朝時代に税金を徴収することを意味した「徴(はた)る」にあるといわれる。

『万葉集』に「檀越(だんおち)や然(しか)もな言ひそ里長(さとおさ)が課役(えつき)(物品の献納や労役)徴(はた)らば汝(いまし)も泣かむ」という歌がある。法師が檀越(信者)にからかわれて、言い返すために詠んだものだ。

「檀家の衆や、そんなことを言いなさんな。里長が課役を徴収しにきたら、あんたがたも泣かねばならんだろう」という意味である。

古語辞典で「徴る」を引くと、はたして、うながし責める、催促すると出ており、確かにはったりをかけるイメージが浮かんでくる。

親玉 もとは尊いものだったって?!

悪い仲間の中で中心的な人物を「親玉」と呼ぶ。刑事ドラマでは、悪の巣窟(そうくつ)に刑事が踏み込むと、いち早くトンズラしているものだが、本来の親玉はそんな情けないものではない。仏教が由来の言葉なのである。

　数珠には、一つだけ大きな玉が混じっている。その大玉を「親玉」または「母珠（もしゅ）」といい、その他の小さい珠を「子珠（すず）」という。

　中心の親玉から垂れた子珠がグルリと従っているように見えるところから、転じて、子分を大勢引き連れた悪い仲間の頭を「親玉」と呼ぶようになった。

　もともと親玉は、数珠の中心にあって、釈迦如来や阿弥陀如来を表しているという。そんな尊いものが、なぜ悪い意味で使われるようになったのか？

　はっきりとはわからないが、悪の一味が捕まるときに親玉もろとも数珠つなぎとなるから、といわれている。

切羽つまる

危険なほど抜き差しならないことだった

　試験が目前なのに勉強がはかどらない。こんなどうにもならない状況を「切羽つまる」という。どたん場には違いないが、命まで取られるようなことはない。

　ところが、語源の「切羽つまる」となると、まかり間違えば命にも関わった。「切羽」は、刀の鍔（つば）の両面、柄と鞘（さや）に当たる部分の卵形の金具をいう。その真ん中に孔（あな）をうがち、刀身を通すのである。

　さて、その切羽がつまると、刀は抜き差しならなくなる。抜くことも差すこともできなければ、相手の思う壺。切りつけられて、命を落としかねない。

そこから、抜き差しならない窮迫した事態を「切羽つまる」というようになったのだ。

アサリ　その語源は採り方か、棲み処か？

江戸時代、深川浦の砂浜でとれたアサリを、刻んだ葱と一緒に味噌で煮込み、熱い飯にぶっかけて食べた。いわゆる「深川めし」である。

古来、アサリ（浅蜊）は砂浜を漁ってとる貝だった。つまり、「漁る貝」であることから、そのまま「アサリ」と命名されたようなのだ。

しかし、これに異論を唱える説もある。「漁ってとるからではなく、海の水の浅いところにいるから、アサリなのだ」と。

なるほど、どちらもわかりやすい。それならいっそ、「海の水の浅いところで、漁ってとるからアサリ」としてはどうか。潮干狩りの光景を見ても、そのほうがしっくりくる。

バラ　ずばり、トゲがある植物だから

読めるのに書けない漢字はたくさんあるが、多くの人にとって「薔薇」もその中の一つではないか。

「薔薇」の読みにはショウビ、ソウビなどがあるが、バラの語源は至極単純。トゲのある植物を意味する「イバラ（茨）」であるという。

そしてこのイバラから、「イ」が抜け落ちたのが「バラ」。だから「荊棘」と書いてバラと読ませる漢字もある。

バラは西洋から入ってきた植物だが、英語で「ローズ（rose）」というのは、何もバラに限ったことではない。サクラソウ（primrose）をはじめ、西洋では、花の名前に片っ端からローズをつけるのだという。

しっぺ返し　そもそも「しっぺ」とは何か？

自分に害を与えた相手に、即座に仕返しをすることを「しっぺ返し」という。

この「しっぺ」、正しくは竹箆（しっぺい）で、禅宗の師家が座禅を組む修行者を指導するために打つ棒のこと。長さ約50センチの竹で「へら」の形に作り、籐を巻き、漆（うるし）を塗って仕上げるものだ。

師はこれを手にし、居眠りした弟子や心の乱れた弟子を戒（いまし）めてパシッと打った。師が弟子に振るう愛のムチだったので、本来は感謝こそすれ、これに仕返しするなどあろうはずもなかった。

竹箆が「しっぺ」となり、「しっぺ返し」という言葉が生まれたのは、巷（ちまた）で行われていた「竹箆賭（しっぺかけ）」という賭け事が絡んでのことのようだ。

この勝負に勝った者は、負けた者の手首を人さし指と中指をそろえてパチンと弾（はじ）いた。これが「しっぺ」で、打たれたのをすぐ打ち返すのが「しっぺ返し」。

ここから、やられたらやり返す意味に広がったのだ。

用心棒　そのルーツは読んで字のごとし

用心棒は、その字面からうかがえるように、本来は木の棒のことをいった。泥棒などの侵入に備えて手元に用意したほか、入り口の戸に噛ませて外から開かないようにするための「しんばり棒」として使った。

江戸時代はカギなどなく、泥棒が好き放題に荒らし回っていた。そんな環境の中から生まれた言葉である。

用心棒はのちに、博徒の親分が身辺の警護のために雇っておく、腕のたつ男のことを指すようになった。現代のガードマンやSPも、用心の務めを果たしている点からすれば「用心棒」といえる。

恐い（こわい）　語源は、ご飯のおこわと同じだって?!

古典落語に出てくる男は饅頭が恐いし、高所恐怖症の人はスカイツリーが恐いという。むろん、恐妻家は女房が恐い。

あまりに恐い思いをすると体がこわばってコチコチになってしまうが、この「恐い」という言葉も、「かたい」という意味の「強し（こわし）」が語原になっている。赤飯のことを女房詞で「お強飯（こわ）」というが、その「強」と同じである。

「強し」は、基本的にものが固くてこわい状態をいうが、「恐い」という意味で使うようになったのは江戸時代以降といわれている。

狂言『花子（はなご）』には、「すれば山の神は恐し」とあり、女房は恐いものだとのお墨付きを与えている。

乙(おつ)にすます 甲ではなく「おつ」なのは?

妙にすまして気取った態度をとることを「乙にすます」というが、このうちの「乙」は、邦楽用語からきている。

邦楽では、高い音域を甲(かん)といい、それより低い音を乙という。甲は、甲高い声というように高く鋭く響くが、乙の音は渋く、しんみりと落ち着いた調子であるため、粋でしゃれた雰囲気を醸し出す。

一方、「すます」は「清ます」「澄ます」と書くが、これには清らかにする、しずめるといった意味のほかに、まじめな顔をする、気取るなどの意味がある。

このことから、「乙にすます」は粋でしゃれた趣(おもむき)を気取る様子を表すが、傍(はた)からは妙に落ち着き払って見えたり、変に気取って見えたりする。そして時と場合によっては、「いけ好かない奴」ということになるのだ。

タイ その語源は目出鯛ではなく…

結婚式などの祝い事には、尾頭つきのタイが欠かせない。語呂合わせで「目出(めで)鯛(たい)」ということなのだろうが、魚偏に「周(あまねく)」と書くように、とくにめでたい席でなくとも、日本人に広く愛されてきた魚であることは確かだ。

タイの名について、延長5(927)年の『延喜式(えんぎしき)』では、平たい魚だから「平魚」と説明している。「タイラカ魚」とも「おヒラ（平）」とも呼んだという。

タイの値打ちは、平らかな姿の立派さもさることながら、美しい朱紅色に負うところが大きい。タイ自体がもつ体色かと思えば、さにあらず、赤色のエビ類を好んで餌にしているからだという。

エビがタイの美しい体色を形成しているとわかれば、「エビでタイを釣る」ということわざが存在するのも納得だ。

相好を崩す　最初に崩したのは誰なのか？

気むずかしい人が、ふとした拍子に表情が崩れてにこやかになることがある。めったに見られないことだが、これを「相好を崩す」という。

「相好」は、仏教用語の「三十二相八十種好」から出た言葉である。仏教では、仏の体には、常人とは違う立派な特徴が三十二相と八十種好が備わっているとする。その「相」と「好」を合わせた語が「相好」である。

たとえば、仏像の頭は中央がこんもりとまげを結ったように高くなっているが、これは「頂上肉髻相（けい）」といって貴さを表している。また、眉間にある長い毛が渦を巻いたホクロ状のものは「眉間白毫相（びゃくごう）」といって知恵を表す。

「相好を崩す」とは、そうした仏の体に備わった特徴が崩れることをいう。転じて、喜びや笑いが体の内奥から自然にこぼれて、表情に現れる様子を指すようになった。

快刀乱麻を断つ

わが子を試した中国故事から

ああだこうだと長引く不毛な会議に、ズバッと意見を差し挟んでケリをつける。「快刀乱麻を断つ」がごとき人物が近くにいると、本当に心強い。

「快刀」は切れ味の鋭い刀。「乱麻」は乱れ、もつれた麻糸。そのもつれを切れ味鋭い刀でスパッと両断することから、思い切りよくすばやく処理するたとえとして用いられる。この成語は中国故事に由来する。

南北朝時代に、高歓という武将がいた。あるとき、高歓は自分の子どもたちの能力を試そうとして、もつれにもつれた麻糸の塊をほどかせた。

ほかの子らが懸命にほどこうとする中、次男の高洋はいきなり刀を抜いて糸を断ち斬り、「乱は斬るべし」と言い放った。この高洋こそ、のちに北斉王朝の初代皇帝となる人物だった。

もつれた麻糸の塊を一刀両断したら使えなくなると思うかもしれないが、それは浅慮というもの。もつれた麻糸は、ほどこうとすればするほど余計にこんがらがってしまう。

したがって「斬る」という決断の速さが大事なのであり、それができる人物こそが大物なのだ。

鶏

「庭つ鳥」という意味だった

各地で鶏の埴輪が発掘されていること

から、鶏の飼育は弥生時代のころから行われていたと考えられている。『万葉集』には「朝明けには佗(わ)びて鳴くなり庭つ鳥」などとあり、当時は主に、時を告げる便利な生き物として飼われていたようだ。

「庭つ鳥」の「つ」は、現代語の「の」に当たる助詞である。つまり「庭つ鳥」は「庭の鳥」（庭で飼う鳥）を意味し、鶏の語源になった。

鶏は、その鳴き声から古くは「かけ」と呼ばれており、「腐(くた)かけ」という呼ばれ方をすることもあった。腐かけとは、朝まだきに鳴く「このくそ鶏め」という意味である。

昔の人は鶏の声とともに起床する生活を送っていた。鶏は目覚まし時計の役割を果たすだけでなく、合戦や出帆の合図、あるいは賭博や吉凶を占うための闘鶏用として飼われ、のちには愛玩用として長尾鶏や「ちゃぼ」なども生み出された。

鶏が食用（肉や卵）として一般に流布するようになったのは、江戸時代に入ってからである。

冬将軍

19世紀に起きた仏vs露の戦争から

寒さにブルッと震える季節になると、気象予報士は、判で押したように「冬将軍の到来」という文句を口にする。

日本に寒気と降雪をもたらすシベリア

高気圧を擬人化した表現だが、この語のルーツは、最強を誇ったナポレオン軍を倒したロシアの厳冬にある。

1812年9月15日、ナポレオン率いるフランス軍はモスクワに入城し、首都を陥落させた。このとき、ロシア軍はモスクワに火を放ち、奥地に退却した。

ロシアの冬は厳しく到来が早い。寒波と雪が侵攻中の軍に襲いかかり、追撃しようとしたナポレオン軍は寒さと飢えに勝てず、撤退を余儀なくされた。

のちに、この様子をイギリスの漫画家が「GENERAL FROST Shaving Little Boney（小さいボニーちゃんの髭を剃る冬将軍）」というタイトルで風刺したことから、「冬将軍」の名前が生まれた。

ちなみに冬将軍は、後世のナチス・ドイツの侵略をも撃退している。恐るべきは、自然の力である。

パイナップル

松ぼっくりのような果物という意味だって?!

日本に流通しているパイナップルは、そのほとんどがフィリピン産で、日本では沖縄県が唯一生産地となっている。

さて、このパイナップルという言葉には、二つの英単語が隠れている。おわかりかと思うが、「パイン（pine）」と「アップル（apple）」である。

パインツリーといえば、英語で松の木のこと。パイナップルの実が、「松ぼっくり」に似ていることから、まずパインが選ばれたのである。

そしてもう一つ、アップルが名前に採

択されたのは、ヨーロッパの果物の代表がリンゴだったから。

もっとも「apple」は本来、リンゴもさることながら、もっと広義の「木になる果実」を表す言葉だった。そんなことから、松ぼっくりのような果物という意味で、「パイナップル」と名づけられたのである。

ガーゼ 意外や、アラブ語由来の言葉だった

救急箱を開けると、包帯やばんそうこう、胃薬などと一緒に入っているガーゼ。

ガーゼとは、細い木綿糸を粗く織った薄い布のことだが、英語では金属やビニールでできた網戸のことも同じ名前で呼んでいる。

このガーゼ、パレスチナにあるガザ(Gaza)という町で最初に作られた。アラブ語に真綿を意味する「gazz」という言葉があり、その真綿から作られたのでガーゼというのだが、そもそも町の名前自体、このガーゼにちなんでつけられたらしい。

ドイツからの輸入品として、ガーゼが日本にもたらされたのが明治時代のこと。日本の近代医学はドイツからの影響が強く、このため日本で使われている医学用語の多くがドイツ語である。

風邪ならぬガーゼと共に、医学は日本にやってきたのだ。

5章

夜中にコッソリ読みたくなる語源

悪女　本来、魔性の女という意味はない

「悪女」は読んで字のごとく悪い女のこと。男を手玉に取る魔性の女、性格や行状がよくない性悪女、あるいは男をダメにする下げまん女といったイメージがある。が、もとの意味はそうではなかった。

「この娘はことのほか美人ぢゃと申すによって参ったれば、あれはさんざんの悪女でござる」とは、狂言の演目『賽の目』の一節だが、ここに出てくる悪女は「容姿の醜い女」のことで、これが元来の意味なのである。

「悪女の深情け」ということわざも、容姿の醜い女は、美人に比べて愛情や嫉妬心が深いという意味。このような女性は、男の側から見れば「ありがた迷惑」にほかならない。

つまり、容姿の悪い女→愛情や嫉妬心が深い→男に迷惑をかける→悪女という図式が成り立つのである。

野合　これで結ばれたとはどんなカップル？

野性、野蛮、粗野、野心、野暮、野郎など、「野」は素朴で洗練されていない、むきだしである、という意味で使われることが多い。その中で、とかく間違って解釈されがちなのが「野合」という言葉

である。

一般に野合は、戸外で人目をしのんで男女が交わる行為と捉えられている。しかし、これは誤りだ。

「野合」とは本来、正式の手続きを踏まずに行う結婚のことを表す。つまり、「オレたちは野合で結ばれた」といえば、そのカップルは仲人（なこうど）も立てず、結婚式も挙げず、場合によっては不倫によって結ばれたということになる。

じつは、かの偉大なる哲学者・孔子も野合で生まれたと考えられている。

孔子は、70歳を超えた農民の父と16歳（または18歳）の巫女であった母との間に生まれたとされ、年齢のひどく離れた者同士の結婚を「野合」といったという説もある。

ふしだら
「しだら」は僧侶の袈裟だった

「ふしだら」とは、しまりやけじめを欠いた行為、とくに身を持ち崩した男女関係によく用いられる。

「なんだ、そのふしだらな態度は！」と怒鳴られれば、思わず襟（えり）を正してしまうが、それもそのはず、「しだら」はもともと梵語（ぼん）（サンスクリット語）で僧侶の袈裟（けさ）や経典を意味する言葉なのだ。

梵語の「sutra」を表した中国語「修多羅」の形で日本に伝わり、ていたらく、事情、行状などの意味をもつようになった。

この「ふしだら」とよく似た言葉に「だらしない」がある。似ているのは語源が同じだからだ。「だらしない」は「しだらない」を逆さ読みした倒語(とうご)で、やはり梵語の「しだら」がもとになっている。

処女

嫁がずに「まだ家に処る」女性のこと

「処女」の「処」はもともと「居」を意味し、中国では昔、嫁がずにまだ家に処(居)(い)る女性のことを処女といった。しかし、時代の変遷とともに原義は忘れられ、今は性交体験のない女性という意味で使われている。

英語ではバージン（virgin）というが、アメリカのバージニア州は、バージンクイーン（処女王）の異名をもつエリザベス一世にちなんで命名されたとされる。また、この州名にはヨーロッパ人の手がつけられていない処女地（未踏地）という意味も内包されているという。

処女地や処女作、処女航海など、処女を「最初の〇〇」の意味で使う用法もあるが、ジェンダー平等への意識の高まりとともに、死語になりつつある。

にやける

にやにやと笑うことではなかった！

「あのにやけた野郎、虫が好かん」といったら、にやにや薄笑いを浮かべる人を想像しがちだが、本来の意味は違う。「にやけ(る)」は、男性が弱々しくなよなよした態度をとること。漢字では「若気(にやけ)」と書く。

「にやけ」は男色から出た言葉で、鎌倉・室町時代には、貴人の側に侍(はべ)って男色の対象とされた若衆(わかしゅう)（性行為の受け手）を指した。江戸時代には「陰間（かげま）」ともいい、男色を売る陰間茶屋というものもあった。

古くは男色のことを若衆道（わかしゅどう）（略して若道（にゃくどう））といったが、そうした若衆の色っぽい服装やふるまいから、男色の趣味がない男性でも、その雰囲気がある場合に「にやけた男」というようになったのである。

また、なまめいて笑う様子から「にやつく」「にやにや笑う」などの言葉も生まれた。そのため「にやける人」↓にやにや薄笑いを浮かべる人、という連想がはたらきやすいのだろう。

おぼこ

ボラの幼魚とかけて生娘ととく。その心は…

「おぼこ娘」「彼女はおぼこだ」など、うぶな少女を「おぼこ」というが、この言葉は魚の名前に由来する。

一般にボラと呼ばれる魚で、成長とともに呼び名が変わる出世魚の一種である。関東では、一年目の3センチくらいの幼魚は「オボコ」、6センチくらいを「スバシリ」、二年魚を「イナ」、三年魚を「ボラ」、四年目になって外洋を泳ぐほどの大きさになると「トド」と呼ばれる。

おぼこは「うぶこ（産子）」の転語と考えられ、「世間なれしていない」という意味から、ボラの幼魚の名（オボコ）をうぶな少女（生娘（きむすめ））に当てはめて、そう呼ぶようになったという。

酒

「栄ゆ」が転じて「さけ」となった？

日本酒の起源は、スサノオノミコトが

ヤマタノオロチを退治する際、八塩折之酒を用いた神話が有名だ。

酒の古字は「酉」で、古代の酒壺をかたどったものといわれている。酒の語源について明確な定説はないが、酒は栄えて楽しむものということから、「栄ゆ」が転じて「酒」になったとされる。

さて、酒は醸造によって酒となるが、醸造の醸である「醸す」は、「噛むす」からきたもの。古代の酒は、飯粒を噛んで作ったという。口噛みは女性の仕事で、ことに神に供える神酒は、若い生娘が噛んだものでなければならなかった。

こうした上古の酒の多くは濁り酒で、米を蒸し、麹と水を加えて醗酵させて造ったが、酒造りは女の仕事とされていた。

現在、酒造りの指揮を執るリーダーを「杜氏」と呼ぶが、この語源は「刀自」、つまり家事全般を仕切る主婦を指した。

酒蔵の女人禁制という時代もあって、酒造りは男の仕事と思われがちだが、本来はそうではなかったことがわかる。

突き出し ――関西で酒席での前菜をこう呼ぶわけ

酒の席で、最初に出される小鉢料理を関東では「お通し」、関西では「突き出し」という。これをつつきながら、酒やビールをグイとやる。いってみれば、酒の席の前菜である。

お通しには、「お客様の注文をお通ししました」という意味があり、本来は注文を受けてから出されるものである。これに対して、突き出しは、席に着いたら、注文前にさっそく出されるものだ。

小説家で料理研究家の本山荻舟（てきしゅう）が著した『飲食事典』では、「客の注文の有無にかかわらず、まず突き出すとの意であろう」と説明している。有無をいわせず、一方的に突き出すところなど、相撲の決まり手とも関係しているのかもしれない。

一方で、遊女の初夜を「突き出し」と呼んだことから、最初に出る料理をこれになぞらえたという説もある。

松ぼっくり　思わず赤面してしまう語源とは？

松かさの別名は「松ぼっくり」。名前が可愛らしいし、見た目も小さなパイナップルのよう。しかし、昔の人はまったく異なった見方をしていたらしい。

なんと、松ぼっくりの名は男性のタマタマからきているのだ。つまり「ふぐり（陰嚢（いんのう））」によく似ていることから、最初は「まつふぐり（松陰嚢）」と呼ばれ、これが「まつほぐり」→「まつぼくり」と訛（なま）って「まつぼっくり」になったという。

また、松ぼっくりは、各地で「松ボボ」とも呼ばれる。「ボボ」とは九州の一部地方では、女性のあの部分のこと。こちらの名前もまた、なんともストレートではないか。

やにさがる　昔は、高慢で気取っていることをいった

男性が若い女性などに囲まれてニヤニヤしているのを「やにさがる」という。しまりのない態度を形容した言葉だが、

元来は、高慢で気取った様子を表す言葉だった。

やにさがるは、漢字で「脂下がる」と書く。脂とは煙管煙草のやにのこと。煙管を口にくわえ、雁首を持ち上げて吸うと、雁首にたまった脂が口元のほうへ落ちてくる。これがすなわち「やに下がる」状態。そのように、やにが下がるような吸い方をする男は、昔は高慢で気取っているように見えたわけだ。

今はそれが、にやついて得意になっているという意味に変わり、用いられているのだ。

酒池肉林 この肉は女性の肉体のこと？

「酒池肉林」というと、裸の女性に囲まれて酒をあびるほど飲む光景が連想されるが、この場合の「肉林」とは食べる肉のことで、肉欲とは関係ない。

この言葉は、司馬遷の『史記』に出典を求めることができる。

暴君で知られた殷の紂王は、人々に重税を課し、財宝を集めて大宮殿や大庭園を造り、贅の限りを尽くしていた。そして日夜、宴会を開き乱痴気騒ぎをした。その模様を描いた部分が「以酒為池、懸肉為林（酒を以て池となし、肉を懸けて林と為し）」で、ここから「酒池肉林」の言葉が生まれた。

もっとも、そのあとに裸の男女を乱舞させ、それを楽しみながら酒を飲んだとあるので、雰囲気としては冒頭の解釈もあながち間違いではない。

へそくり　このへそはおヘソではない

内緒でためたお金を「へそくり」というが、漢字で書くと「綜麻繰り」。これは、貧しい暮らしを助ける主婦の内職にちなんでいる。

「綜麻（へそ）」とは、織機にかけるために麻糸をぐるぐると幾重にも巻きつけた糸巻きのこと。その綜麻を繰る仕事で得たお金を「綜麻繰り金（がね）」といい、略して「へそくり」と呼ぶようになったのである。

へそくりは本来、「臍（へそ）（「ほぞ」とも）」とは無関係だが、その音から誤解されて「臍繰り（金）」の字が当てられたり、「ほぞくり（金）」と呼ばれたりもした。

「臍金（へそがね）」という人もいるが、「腹巻の下に隠すのだから『臍』でもいいのでは」と、いわれてみれば、お説ごもっともである。

ある投信投資顧問会社が、全国の20歳以上の既婚者1000人に調査（令和3年）したところ、夫のへそくりの平均額は137万円、妻は169万円。平均寿命の長い妻の堅実性が垣間見える。

しゃらくさい　いったいどんなニオイなのか?

時代劇のケンカの場面を見ていると、「ええいっ、しゃらくせえ!」といったセリフが出てくる。

この「しゃらくせえ」のもとは、古語の「しゃらくさし」。鼻持ちならない、小生意気だという意味だが、気になるのは、何が「くさい」のかということ。ニオイと関係あるのだろうか。

「しゃらくさい（洒落臭い）」の語源は諸説あるが、「くさい」に言及したものは大きく二つ、どちらも遊女に関係している。

一つ目。越前の三国界隈で遊女のことを「しゃら」と呼び、その遊女を真似て素人女性がめかし込むことを「しゃらくさい」といった。この場合の「くさい」はニオイのことではなく、「～めいている」の意味である。

二つ目。安物のお香をプンプンさせて花街に遊びに来たおじさん。そのニオイが遊女屋の「伽羅（きゃら）」のお香のニオイと混じり合ったことから「きゃら臭い」。これが転訛（てんか）して「しゃらくさい」になったという。

今でいう加齢臭も加わって、まさに鼻持ちならない臭いだったかもしれない？

鯉　その語源はやっぱり「こい」だった?!

池でいちゃつく2匹の鯉を眺めて、「鯉も恋するのね」とダジャレてみたが、鯉の語源は本当に「恋」だという。

「鯉」という言葉の出処（でどころ）は、『日本書紀』に登場する景行（けいこう）天皇の恋物語にある。

天皇が美濃（みの）の国に行幸（ぎょうこう）したとき、弟媛（おとひめ）という絶世の美女に一目惚れした。さっそく天皇は彼女を寝室に召し上げようとしたが、簡単になびかない。神に等しい存在の天皇をコケにするとは、なかなか度胸のすわった女性である。

彼女が竹林に隠れてしまったので、天皇は一計を案じ、池に鯉を放った。鯉に惹かれて彼女が姿を現すのではないかと思ったのだ。この策略は当たり、弟媛は鯉を眺めるために池に現れた。景行天皇はその機を逃さず、弟媛を拉致（らち）しめでたく情を通じた。

鯉は景行天皇にとって、恋のキューピッドだったのだ。

夜這（よば）い 「夜、這っていくから」ではなかった

「夜這い」は、男性が夜こっそり女性の家に忍び込んで共寝（ともね）するというのが、一般に認識されているイメージだ。これはある程度までは正しいが、厳密にいえば「夜、這って家に入る」という解釈は、後世になって後付けされたものだ。

じつは「よばい」の語源は、動詞の「呼ばふ」を名詞化した「呼ばひ」だった。夜、這って家に入るというイメージから漢字が当てられた「夜這い」ではない。

古代では、夜、愛する女性のもとを訪れた男性が、呼びかけを行った。これが本来の「よばい」である。この呼びかけは、一つは、家の外からひそかに声をかけたという意味に受け取れる。

万葉集に「起き立てば母知りぬべし出ていかば父知りぬべし」という相聞（そうもん）歌があるが、これは「外で愛人が呼んでいるが、起きて出ていけば父母に知られてしまいそうだし、どうしよう」という女心

の揺れ動きを歌ったものだ。

もう一つの解釈は「求婚」の呼びかけである。つまり、単なる夜のお遊びでなく、まじめにプロポーズすることを考えて女性のもとに通ったというのだ。

おとぎ話 ちっとも子ども向けではなかったって?!

桃太郎に一寸法師、白雪姫に赤ずきんちゃん……。子どものころ、枕元で親が語る「おとぎ話」を睡眠導入剤にした人は多いだろう。そのため、おとぎ話というと子ども向けの話と思われがちだが、語源をたどると意外な事実が判明する。

「おとぎ」は漢字で「お伽」と書く。これは本来、夜に身分の高い人のそばに侍って話し相手になり、退屈を慰めることを指した。戦国〜江戸時代には「お伽衆」なる職種が存在し、将軍や大名に戦術から世間話に至るまで、さまざまなことを語り聞かせた。

ところが、江戸の世が安泰期に入ると、もっとくだけた話が好まれるようになり、猥褻(わいせつ)な話などもしばしば語られた。そのうち、お伽衆の中に、徳川将軍の寝室に侍る「お伽坊主」と呼ばれる奥女中も現れ、「夜伽(よとぎ)」と称して夜の慰め(セックスの相手)をするケースも出てきた。

こうして「伽」の本来の意味は失われ、身分のあるなしにかかわらず、誰かの慰めや世話をすることも「お伽」というようになった。子ども向けの夢のあるおとぎ話も、元をたどれば、艶めかしい大人向けの寝物語だったのだ。

おくゆかしい

「その奥が知りたい」と思わせることだった

物腰が柔らかで上品。しかも、さまざまなところに気配りが行き届く。そんな女性は「奥床しい」といわれる。

この言葉がピッタリくるのは、伝統的な和風邸宅に住む奥様、老舗旅館や料亭で立ち振る舞う女将、あるいは風情ある茶室でお茶を点てる師範などだ。

また、「床」の文字から、「奥床しい」は、彼女らが身を置く住まいと関わりがあるのかと想像も膨らむ。「深窓に育つ」という言葉もあるくらいだ。

しかし、床とは何ら関係ない。この「奥床しい」の語源は「奥行かし」である。「行かし」は動詞「行く」の形容詞形で、「行きたい」の意味。したがって、「奥行かし」は、「もっと奥が見たい、知りたい」ということになる。つまり、心惹かれてそのような感じを抱かせる女性が「奥床しい」というわけである。

社会の窓

その語源は英語の俗語にあり?

「社会の窓」といえば、おもに男性のズボンの前についたファスナーをいう。ズボンを脱いだりはいたりするときはもちろん、オシッコするときにも必要な「窓」のことだ。

では、この部分の正式な名称をなんというのか。全日本紳士服工業組合連合会によると、社会の窓はあくまで俗称で、「前開き」というのが正しいという。また

「短冊門」と呼ぶこともあるという。

では、なぜ「社会の窓」というようになったかというと、国語学者の間でも正確な理由はよくわかっていないそうだ。

ただ、英語では俗語で、その部分を「ショップ・ドア」ということがある。「ショップ・ドア」とは「店のドア」という意味になるから、「社会の窓」と似ていなくもない。

ひょっとすると、昔の英語通がこの俗語を知っていて、その翻訳として「社会の窓」という言葉を使い始めたのかも。

善玉と悪玉

そもそも遊女を「玉」といったが…

「玉」と聞けば、ギャンブル好きならパチンコを頭に描くかもしれない。だが、ちょっと物知りなら、「玉」が江戸時代の遊女を表し、「いい玉」が「いい女」を意味することを知っている。

その「玉」が遊女に限らず誰に対しても使われるようになったのは、「心学」という学問の一派ができたからである。

心学は、その名の通り、人間の心のありようをあれこれと分析した。かくして人間の心には善悪二つあり、善人か悪人かをわかりやすく解説するためにイラストを使った。それは、ただ顔を丸く描くだけという単純なものだった。

人間の顔を表すこの丸を「玉」と呼び、その中に、善または悪という字を書き入れた。そして、善と記したほうを善玉（善人）、悪と記したほうを悪玉（悪人）としたのである。

女
その語源は「おばあさん」だって?!

万葉の昔、「をとこ（おとこ）」の対義語は「をんな（おんな）」ではなく「をとめ（おとめ）」だった。「をとこ」と「をとめ」を見比べると、「をと」が共通しており、対となる語としては、確かに「をんな」よりふさわしいことがわかる。

この「をと」は「をつ」に語源をもち、「復」とも書く。「復」は、もとへ戻る、若返る、再生することを意味し、換言すれば、子どもを産める状態を表している。

だから「をとめ（乙女）」といっても処女ではなく、生殖能力のあるうちが「をとこ」であり、「をとめ」なのである。

「をとこ」でなくなると「をきな」、「をとめ」でなくなると「をみな」とそれぞれ名を変える。現在使われている「女」という言葉は、この古語の「をみな」が訛（なま）ったもの。つまり、生理もアガってしまった「おばあさん」を指した。

こうなると「女っぽい」のイメージも微妙に変わってきそうだ。

娯楽
女性と遊ぶのが本当の「ごらく」だった

「娯楽」はよく耳にする言葉だが、気になるのは、娯楽の「娯」の中に「女」の字が見えることだ。娯楽は女性限定のものなのだろうか？

漢文学者の白川静によれば、「娯」の字は「祝詞（のりと）を入れる器を掲げて舞いながら祈る形で、神を楽しませて、願うことを実現しようとするための行為」を表しているという。また、女偏についている「呉」には「人がワイワイと騒いでしゃべる」意味があるという。

つまり、「娯楽」は本来、女性と遊んで楽しむことを意味していた。ただし、これは恋人の女性や歓楽街の女性などとの遊びではなく、天上で天女からもてなしを受けるという高尚な遊びのことだった。

許嫁（いいなずけ）　もとは「言名付」と書いていた

昔は、子どもが小さいうちから、親同士で結婚相手を決めてしまう「許嫁」という風習があった。

文字通り、女性が男性の家に嫁ぐのを許すという意味での「許嫁」だが、素直に読めば、どうしてもこの漢字を「いいなずけ」とは読めない。それもそのはず、これは当て字で、もともとは「言名付（いいなづけ）」と書いていたのだ。

江戸時代まで、男の子は幼少時に童名（わらわな）をつけ、元服すると諱（いみな）（実名）を与えられた。同じように女の子にも幼名があり、年頃になって婚約が決まると、本名を選んでつけた。

この風習から「言名付」という言葉が生まれたわけだが、当時は「申名付（もうしなづけ）」という言葉も、許嫁と同じ意味で使われていた。

結婚

「婚」はなぜ、女偏に「昏い」と書くのか？

晩婚化やシングル志向の増加は社会の変化のせいもあるが、「結婚」という言葉の中にもあるのかもしれない。

というのも、「結婚」という字を見ると、「結」は意味がわかるとしても、「婚」という字が何となく結婚にそぐわない気がする。なぜなら「婚」という字は女偏に「昏（くらい）」と書くからだ。

実際のところ、「昏」は昏睡という言葉もあるように、あまりいい意味の漢字ではない。なぜ、女偏に「昏」なのかといえば、かつて新婦を迎える祝宴は「昏（くら）き夜に行う」のがよしとされていたからだ。

これは男性を陽、女性を陰と考えた風習によるものだといわれている。

ところが、このタブーを破った人物がいる。豊臣秀吉だ。彼は徳川家康の養女と結婚した際に、自らをアピールするために、白昼の輿入れを考えた。

以来、結婚式を昼間に行うことになったといわれている。

あられもない

食べるあられと関係あり？

年頃の女の子をもつ親は、わが子が肌を露出したファッションでいようものなら、「あられもない格好をして！」と目を吊り上げる。

ここでいう「あられ」は、もちろん、空から降ってくる霰（あられ）やお菓子のあられではない。

「あられもない」は、動詞の「ある」に助動詞の「れる」がついた「あられる」に、否定形の形容詞「(も)ない」がついた言葉だ。

「あってはならない」という意味だが、時代を経るにつれて、とんでもない、ありえない、はしたない、恥ずかしいなどの意味になった。

本腰を入れる

語源を知れば気軽に使えない!

「本腰を入れてやれ」とは、真剣になって取り組めという意味だが、なぜ入れるのは気合ではなく、腰なのか?

「本腰」は、多くの辞書で、本式の腰構え、真剣な気構えなどと説明している。となると剣道か柔道かと思うが、じつのところ、武術でもなければ礼法でもない。男女の寝屋における、そのものズバリを指す隠語からきている。

その状態は、あくまでも本式の腰構えでなければならず、略式ではまずいらしい。古人は、本式で真剣な気構えで臨んだのだろう。

その熱心さ、本気さで「よろず物ごとに取り組むやよし」ということで、現在の用法になったようだ。

そうとわかれば仕事やスポーツに励む女性に対して、「もっと本腰を入れて」と気軽にいえなくなってしまいそうだ。

小股が切れ上がる

「小股」とはいったいどこのこと?

落語などで「小股の切れ上がった女が

歩いてくる、そこで……」などと使われると、なんとなくわかった気になり、そうか、いい女だなあ、と思うもの。

しかし、よくよく考えてみると、どんな女性のことかわからない。

江戸時代には、足の長い男性のことを「す股の切れ上がった」といったらしい。この「す」は接頭語で、それ自体に意味はない。この「す」が、女性の場合は「こ」に変わったのが「小股」なのだ。

したがって、小股の切れ上がった女とは、足が長く、すらっとした粋な女性のことだと思っていいだろう。

ハネムーン 甘口と辛口、二つの語源説あり

ハネムーンは「蜜月」と書くように、蜜のように甘い月という意味である。もとは「結婚後の1か月間」を指したが、この期間に旅行に出かけるカップルが多いことから、いつしかハネムーン＝新婚旅行の代名詞になった。

さて、このハネムーンには、名のごとく甘口の語源説と、これとは逆に辛口の語源説がある。

前者は、スカンジナビアで新婚夫婦が1か月間、蜂蜜酒を飲む風習があったことに由来するという。ハネムーン・ベビーのために、精のつく酒を飲んでがんばったのである。

後者は、夫婦の愛情がやがてはうつろい冷めていくのを、満月からしだいに欠けて、1か月後には新月になる天体の月にたとえたことに由来するという。

デート　「日付」がなぜ「逢い引き」の意味になった？

デートの語源は、ラテン語の「date」だといわれている。ところが、この「date」には、もともと日付という意味も、逢い引きのデートという意味もなかった。

そもそも「date」は、手紙の書き出しに使われた言葉で、その意味は「与えられた」。つまり、その手紙が「某月某日に、〇〇の場所で与えられた」ということを示すため、文頭に置かれたのである。

それがいつごろからか、日付を意味するようになっていく。手紙文の中でいつも本文の前に置かれていたので、日付と勘違いされたのだ。

恋人たちにとって、二人の時間は掛け替えのないもの。すれ違うようなことがあったら、それこそ貴重な時間を損なってしまう。デート（逢い引き）するときはデート（日付）をしっかり決めて間違えないようにしなければ……。

「date」をダブル・ミーニングとして使うようになった背景には、おそらくそんな理由があったのだろう。

鶴　その語源は意外や交尾から！

鶴の語源については諸説ある。

多く連なって飛ぶことから「連なる」が訛って「ツル」になったとするもの、ツルの高く冴えわたるような鳴き声に由来するというもの、あるいは、「諸鳥にすぐれて大なる鳥」ということから「スグル」の転とする説もある。

一方、「ツル」は「つるむ」に由来するのではないかという説がある。つるむとは交尾のことで、古くは「ツルブ」といった。

ツルブは漢字で「婚」と書き、結婚とはすなわち「つるび結ばれる」ことだ。繁殖期のオスがメスの前で派手な求愛をする鶴のダンス。これを見れば、なるほど、ここに名の由来があるとする説にもうなずける。

夫婦 なぜ「おとめ」ではなく「めおと」と読む？

漢語は中国で考案され、日本に輸入されたもの。「夫婦」もその一つである。父系制社会の中国では、男性が女性より上位とされたため、夫が先で妻が後になる「夫婦」という熟語が生まれたという。

だが、日本では「夫婦」をストレートに「おとめ」と読まず、女性のほうを先にして「めおと」と読む。いったいなぜなのか？

その理由として、日本の家制度が母系制社会に基づくものだったからという説がある。その証拠といってはなんだが、確かに母屋（おもや）（「もや」とも）という言葉もある。母屋とは、いうまでもなく、その家の中心となる家屋を指す。

明治政府下の家父長制で、女性は男性

を立て、娘のときは父に、嫁(か)しては夫に、老いては息子に仕える、いわゆる「三従」を強いられたが、それ以前は男女の仕事の役割に上下はなく、むしろ家の実権を握っていたのは母、妻だった。

　家父長制を根拠に威張っている男性諸氏は、女性の家での立場や働きに、改めて思いを致す必要がありそうだ。

きざ

遊女が言い出した言葉だった

「あいつは、いつも言うことがキザで好かん」「着ているものもキザったらしいよね」。このように、言動や態度、服装などが気取っていて嫌みなことを「キザ」という。

「キザ」は江戸時代に遊里から出た言葉で、神経にさわる意味の「気障(きざわ)り」が転訛したものだといわれている。

　遊女が「何だか、きざでありいす」などといったことから、元来は心配なことや気がかりなことを意味した。しかし、しだいに洒落のつもりで嫌みたらしい皮肉をいう客や、嫉妬深い客のことも「キザ」といって毛嫌いした。

「キザ」は江戸の流行り言葉になり、江戸時代のなかごろには盛んに使われたとされる。さらには、気取って人に不快感や反感を催させるような人のことも「キザ」と呼ぶようになったという。

彼氏

「彼女」の対になるように発明された語

「昨日、彼氏とデートしてたでしょ。ねえ

誰なの?!」などと使われる「彼氏」という言葉、じつは昭和3(1928)年ごろに創作された造語である。

造語の主は漫談家の徳川夢声(むせい)。彼は『証言・私の昭和史』(1巻)で、こう語っている。

「『彼女と彼の対話』ってものを書いたんですよ。彼女と彼を並べて……、そうすると、彼女は二字でしょう。彼は一字で、そこの下がポッンとあくんだな。で、この活字を並べる人がいかんだろうと思って、なにか字をくっつけろってんで、彼氏とくっつけたんで」

「彼氏」は夢声人気とあいまって、たちまち流行語になったが、その後も消えることなく定着し、今ではすっかり日常語になっている。

いかがわしい

信用できないことをなぜこういう?

どうにも怪しげだ、本当かどうか疑わしい、信用できない。「いかがわしい」にはそんな意味がある。

この言葉は、心の中で疑い危ぶむ気持ちの「如何(いかが)」からきており、如何を形容詞化した「如何(いかが)しい」が語源である。

「如何しい」には、どうかと思われる、疑わしい、見苦しいという意味があり、今日の「いかがわしい」の意味と重なる。

また昔は、「これは関東麻と名物の真苧(まお)、いかがわしくは候へども」(浄瑠璃・近松門左衛門『堀川波鼓』)とあるように、お気に召すかどうか、つまらないものですがという意味でも使われた。

現代でも「(こんなもので)如何かと思いましたが」というのと変わらない。

そうした用法の一方で「いかがわしい映画」などのように、下品で風紀上よくない、大っぴらにできないといった意味まで表すようになったという。

もぬけのから
服を脱ぐのはヒトでなく、虫だった

おとなしく宿題をしていると思って、子ども部屋におやつをもっていったら「もぬけのから」だった……。

こんなふうに使う「もぬけのから」だが、「もぬけ」とは何だろうか？ 「藻ぬけ」と書く人もいるが、それは正しくない。正解は「裳ぬけ」である。

「裳ぬけ」は服を脱ぐことを意味するが、この場合、服を脱ぐのは人間ではなく、昆虫である。つまり、セミやカイコなどが脱皮することを「裳ぬけ」というのだ。

となると、もぬけのからの「から」も「空」ではなく、当然「殻」ということになる。

なるほど、セミの脱け殻は、中身は空っぽだが、そうなる前まではちゃんとそこにセミの幼虫が存在していた。それがいつの間にかどこかへ抜け出し、殻だけが残ってしまった様子がよく表現されている。

自首
自ら首を差し出すから、ではない！

刑事ドラマの場合、「犯人が自首してきました」ではお話にならない。あくまで

犯人が逃げ、刑事は鮮やかな推理で犯人をつきとめて大立ち回りの末、犯人を逮捕するものだ。

しかし現実には、親や親族に説得されて、犯人が自首するケースはけっこうあるようだ。自首をして改悛（かいしゅん）の情が認められ、刑が軽くなることもある。

この自首という言葉、その字面（じづら）からいかにもお縄を頂戴するべく「自ら首を差し出す」というイメージがある。

だが、「首」という字には「述べる」という意味があり、そもそもは「自ら罪を告白する」という意味がある。

もっとも法律的に自首と認められるのは、警察が犯人を割り出す前に自ら出頭した場合に限る。犯人が割れたあとに出頭しても認められない。

惚れる

心を失うほどうっとりすることをこういった

人が惚れるのに理屈はいらない。問題は、相手も惚れてくれるかどうかだ。

「惚れる」とは、心が「放（ほう）れる」ことで、相手にうっとりして心を失うまでに思いをかけること。つまり、放心する、ぼんやりする、ぼうぜんとするなどの状態を表す。

「惚れる」の古語「惚（ほ）る」や「惚（ほ）れ惚（ぼ）れし」には、ぼける、老いぼれるの意味もある。そういわれると、有吉佐和子の『恍（こう）惚（こつ）の人』は、惚れ惚れした老人を活写した小説だったのだと、今さらのように気づく。

「惚れる」は、恋こがれてうっとりする

ことのほかに、「芸に惚れる」や「聞き惚れる」のように、執着心をもち熱心になることを表す場合にも使われる。

とくに本気で惚れたときには「ぞっこん」などという。このぞっこんは、心の底からを意味する「底根（そここん）」が語源とされている。

まち針　穴のない針と小野小町との関係は

まち針は「待ち針」が語源だという。縫うときに生地がずれないように留めたり、印代わりに刺したりする。そのように本縫いを待つので、「待ち針」と呼ぶようになったという説である。

ところが、もう一つ、聞き捨てならぬ説も伝わっている。

ご存じのように、ふつう、針には糸を通す穴が開いているが、まち針にはそれがない。あるべきところに穴がない。これが絶世の美女として知られる小野小町と同じだというのである。

小野小町は引く手あまただったが、男嫌いで、言い寄ってくる男にも冷たい態度をとった。そのうちフラれた男たちがいいふらした噂が、「あの女には穴がない」。すなわち、小野小町閉陰説である。

この噂話から「小町針（こまちばり）」と呼ばれるようになり、そのうち「こ」がとれて、「まち針」になったという。

月経　中国由来の言葉だったが…

女性につきものの「月経」。読んで字の

ごとく毎月あることから、古代ローマ人は「メンセス(月)」といい、中国でも古くから「月経」「月水」などといった。月経の語は中国語由来だといえるだろう。

ただ日本では、古くは「月のもの」「月の障（さわり）」などといい、今でいう生理痛を「障（さわり）虫（むし）」や「月水虫」と呼んだ。人によっては耐え難い痛みに苦しむが、それは虫が起こすと考えたのだ。

なお月経には「月役」の別名もある。これは月経を不浄視して、その期間、別居したことをいい、女性は食事も別にする風習があった。

ムササビ　名は体を表す名称なり

夜になると、山林の樹木の間をサーッと大きな羽を広げて飛翔する「ムササビ」。その甲高い声を聞くと、何とも不気味で、妖怪のようですらある。

このムササビ、羽を広げているから大きく見えるが、意外に小柄である。それで、「身細び（みささび）」と呼ばれ、それが転じて「ムササビ」となったのだ。こうわかってみると、そんなに恐ろしく感じなくなるから不思議である。

ところで、ムササビに似た動物に「モモンガ」がいる。これは、ムササビの古名「モミ」から命名されたといい、「モミ」→「モモ」、さらに「グァ」と鳴くか

グだ。ら「モモンガ」。なるほど納得のネーミン

コウモリ　蚊を好んで食すことからこう呼んだ

中華料理に「蚊の目玉」なるメニューがある。いったいどうやって集めるのかというと、コウモリを使う。コウモリは虫の中でも蚊を好んで食べるが、目玉は消化されないので糞の中に残る。だからコウモリの巣を探せば、蚊の目玉を集められるというわけだ。

コウモリが蚊を好んで食べることは昔からよく知られていた。じつはこの食性が、コウモリという名前の由来にもなっている。

コウモリの別名は、「かとり（蚊取り）」または「かくいどり（蚊食い鳥）」で、文字通り蚊を好んで食べることからきている。また、古名の「かわほり」も蚊を好むという意味の「かをほり（蚊を欲り）」を語源とし、のちに「かわもり」→「こうもり」に転訛したのだという。

ちなみに、蚊の目玉はスープの食材に使われ、数十万円の高級料理とされる。

左利き　右手で飲む酒飲みも「左利き」というわけ

9対1。いったい何の数字かというと、日本人の右利きと左利きのおよその割合だそうだ。

さて、「左利き」にはもう一つ、「酒飲み」という意味もある。いわゆる左党とも呼ばれる「いけるクチ」のこと。しか

し一般に、酒を飲むときはその人の利き腕で飲む。それなのになぜ「左利き」というのか？

これは、江戸時代に金の採掘が盛んに行われていたころの言葉が語源になっている。金山では金を掘るとき左手に鑿（のみ）をもち、右手で槌（つち）をもって打った。それで左手の「鑿手（のみて）」を「飲み手」に掛けて、酒飲みを表すようになったのである。

当時は金回りのよかった金鉱掘りが遊郭に繰り出す中で、隠語として広まっていったようだ。

トランプ

カードゲームという意味ではない！

日本人はふだん「トランプやらない？」というが、じつはトランプとは「切り札（trump）」を指す。

明治初期、来日したイギリス人たちは、ゲーム中に「トランプ、トランプ」と盛んに口にしていた。これを日本人は、トランプ＝カードゲームだと勘違いした。これが定着して今日に至ったようだ。

トランプの正式名称は、プレイング・カード（playing cards）。または単にカードという。

なお「切り札」の語源は、ほかの札を切り捨てる「切り断つ札」だからとも、最後（キリ）に出す「限り札」だからともいわれている。

迷宮入り

古代ギリシアに実在した出口が見えない迷宮から

事件が入り組んでいて解決がつかない

ことを「迷宮入り」というが、この迷宮とは古代ギリシアのクレタ島、クノッソスに実際にあった迷宮の「ラビリンス(Laby rinthos)」からきている。

ミノス大王が造ったこの宮殿は、通路が迷路のように入り組んでいて、一度中に入ると迷路を彷徨うばかり。進むことも元に戻ることもできなくなったという。そこから、出口が見えない難事件のことを「迷宮入り」というようになった。

このことをもってしても、時が経てば経つほど真相究明は困難だとわかる。

泥棒　その素性は「取る坊」か、「土呂坊」か

「どろぼう」は、江戸時代になって生まれた言葉である。それ以前は、盗人、ぬすと、ぬすっとなどが使われていた。

「どろぼう」の語源には諸説あるが、江戸後期の戯作者・柳亭種彦が、「盗賊のどろぼうといふも泥と書くは仮名にて、取ル坊にて」と述べているように、「取（奪）る坊」という意の「取る坊」を語源とみる説が有力視されている。

この場合の「坊」は、吝ん坊や朝寝坊などの卑称か、「暴」の転訛だろうとしている。

一方、おもしろいのが「土呂坊」に由来するという説だ。

戦国時代の永禄6（1563）年、三河の土呂で起きた一向一揆で、戦費調達のために盗みを働いたことから、彼らを「土呂坊」と呼んだ。転じて、盗人を表すようになったという。

なお「泥棒」の字は、明治ごろから使われ始めたようだ。

あくび

なぜ漢字で「伸びが欠ける」と書く?

「眠たいときなどに反射的に起こる、大きく口を開けて深く息を吸う呼吸動作」。

辞書ではそう解説される「欠伸」だが、なぜ「伸びが欠ける」と書くのだろう? 大きく深呼吸して体を伸ばすことに関係するのだろうか。

じつは、欠伸の「欠」自体が、すでにあくびをすることを表しているのである。「欠」の字は、人が前方に向かって大きく口を開けた様子をかたどったもの。それに背伸びをする意味の「伸」が加わって欠伸という言葉ができたのだ。

「欠」にはこのような意味があるので、歓迎の「歓」の字は大きく口を開けて声を上げて喜ぶ意味になるし、詐欺の「欺」は、大声で相手を脅しつけることを意味するわけだ。

白河夜船(しらかわよふね)

熟睡して前後不覚になることを、なぜこういう?

江戸時代の『毛吹草(けふきぐさ)』という俳書の中に、こんな故事がある。

昔、ある人が行ってもいない京都のことを、さも見てきたように話した。そこで相手が「白河はどうだった」と聞くと、もとより白河を知らぬ男は、白河という地名を川の名前だと早合点して、「あそこは夜、船で通ったから知らぬ」と答えた。

京都は江戸の庶民にとって、一度は訪

れたいあこがれの地だったのだろう。白河は今の京都市左京区で、昔、白河殿や六勝寺があったところである。この故事から、熟睡して前後不覚になることや、知ったかぶりをすることを「白河夜船」というようになった。

この言葉は、今でも「白河夜船で泥棒が入ったのも気づかなかった」「酒で寝入って震度3にも白河夜船だったよ」のように使われ、少々のことには動じない大物の印象を人に与える。

6章

一流は知っている！ビジネスに効く語源

出張——戦場に赴くことを表す「出張る」から

コロナ禍では、出張自体ができなくなった会社も多かった。だが、ふだんの勤務先とは異なる場所へ出向くことをなぜ「出張」というのだろうか。

また、ある種の出張の場合、戦場に赴くような気持ちで出発することがあるかもしれない。じつは、そういう気持ちになるのは、語源からいって無理からぬことなのだ。

「出張」とは、日本で作られた戦陣用語で、武士が戦うために戦場に出向いて陣を張ることを意味した。出向いて陣を張るから「出張」というわけで、古くは「出(で)張(ば)り」「出張(でば)る」といっていた。

「しゅっちょう」と音読みされるようになったのは室町時代以降のこと。たとえば「土方歳三を一大隊の将として二股口へ出張さすれば」(『近世紀聞』)に見える「出張」は、すでに「しゅっちょう」の読みになっている。

かつては決死の覚悟で出かけた出張は、近代以降、「仕事でよそに出かける」場面に用いられるようになったのだ。

勉強する——値段をまけることをなぜこういうのか?

商売では、値引きすることを「値段をまける」といったりする。

この「まける」は「負ける」で、相手の利益のために自分が損をすることをいう。「おまけをする」の「おまけ」も、漢字を当てれば「お負け」なのである。

売り手にすればつらいところだが、そこをグッとこらえ、相手が喜ぶように一生懸命無理をすることが、商売を長く続ける秘訣である。

そのように精神的な努力をすること、いってみれば「強いて勉める」ことが、「勉強する」ということにほかならない。

魚屋のおじさんが店先で「奥さん、勉強しとくよ」と声をかけるのは、いわば、不利益ながら、自分は精一杯努力しているのだということを間接的に表現しているわけだ。

根回し——植木を移植するときの下準備のこと

「根回し」は日本特有の文化ともいえ、選挙などで勝利するには不可欠とされている。字面から想像がつくように、「根回し」の語源は植木の手入れに由来する。

大きな木を移植するときは、下準備として1～2年前にその大木の周囲を掘る。そうして広がりすぎた細根を切って、鬚根を発生させるようにする。こうしておけば、移植したときに根付きやすく、移植がうまくいくのだそうだ。

これが本来の「根回し」なのだが、そこから政治やビジネスの世界で、大事を行う前にあらかじめ周囲の各方面に話を取り付けておくことを、比喩的に「根回

し」する、というようになった。

投機――「心のあり方」という意味だった?!

経済学者のケインズは、投機で儲ける原則を「美人投票のようにやること」とアドバイスしている。ただし、自分が思う美人に投票するのではなく、みんなはどの美人に投票するだろうか? と考えて投票することだという。

さて、「投機」は市場価格の変動を利用して予測し、短期間で大きな利益を得ることを狙った行為だが、もともとは禅の世界で使われていた仏教用語だった。

「投機」は本来、心の在り方を表す「機」を師弟の間で投合し、互いに感応し合って悟りに至ることを指した。

しかし、英語の「スペキュレーション（speculation）という言葉が輸入されてからは、もっぱら経済学用語の訳語として用いられるようになった。英語の意味は「熟考、推測」。まさに投機するときの姿勢を表している。

一般に、ハイリスクながら短期間で大きな利益を得たい場合は「投機」が、リスクを抑えて長期的に増資したいときは「投資」がよいとされる。

腹芸――さまざまに使われるが本来はどんな芸だった?

「腹芸が得意だね」といわれたら、あなたは怒るだろうか、満足するだろうか。

仰向け（あおむ）に寝ている軽業師の腹の上で、もう一人が曲芸を演じる。本来はこのことを「腹芸」といった。

また、太鼓腹に顔の絵を描き、引っ込めたり揺すったりして腹に百面相をさせる演技も「腹芸」といい、こちらは今でも宴会芸でたまに目にする。

どちらもいたって他愛のない芸だが、しかし、そこから芸能用語として主に歌舞伎の世界で用いられるようになった。

たとえば「団十郎の腹芸」といえば、せりふや所作に出さず、表情やたたずまいなどで、内面の心理を重々しく表現する。これは、相当の技量を備えた役者でないとこなせない芸である。

転じて、政治家や財界人などが、言葉や行動に出さずに、度胸や経験で大局を処理する意味でも使われるようになったのだ。

お世辞——世事から入ってお世辞でのせる

「いやー、お若くて、とてもそんなお年には見えません」。どんなお年に見られたのか知らないが、いわれたほうはまんざらでもない顔である。

「お世辞」の辞は、辞書の辞と一緒で、言葉を意味する。もともとは「世事」と書き、世間や世俗の事柄を意味した。

世事に通じているとは俗事に詳しいことだが、世渡り上手や口達者は、その世事を世間話として話すとき、愛想の一つも入れて相手の気をそらさないようにする。そのため、おのずと口調はお世辞めいたものになる。

たとえば、ビジネスマンが得意先へ出

向いたときなども、挨拶は「大谷がまた打ちましたねえ」などと世事から入るが、商談に移ってうまくまとまりそうな頃合いには、お世辞が盛んに飛び交っていたりするものだ。

面子（メンツ）——意外と新しい中国語由来の言葉

「それじゃあ、弊社の面子が立たない」などと、表面的な体裁（ていさい）や面目（めんぼく）などの意味でよく使われる「面子」。この言葉が日本で使われるようになったのは意外に新しく、大正時代になってからだ。

面子は中国語で「mian-zi（ミアンツ）」と発音し、面目、世間体、表面、麻雀のメンバーなどの意味をもつ。

もともと体裁を気にする日本人は、「体面を保つ」「面目を立てる」「面汚（つら）し」など、「面」のつく言葉を好んで使っていた。したがって、その流れで「面子」もすんなり受け入れられたのだろう。昭和初期には大流行し、あっという間に広まったとされる。

そんなわけで、時代劇などで使われているのは明らかに誤り。それこそ製作者の面子に関わる問題だ。

如何ようにも——万葉の時代には疑問形だったが…

「ご予算により、如何ようにも応じられます」「とんだイカサマだ」。この二つの「いか」は、どちらも同じ意味で、共に「どのように」という意味である。

『万葉集』巻二に見える「いかさまに思

ほしめせかつれもなき真弓の岡に宮柱太敷きいまし」の「いかさま」も「どのように」という疑問の用法だが、時代が下ると「なるほど、いかにもそのようだ（本物らしい）」の意味に転じる。

さらに、そこから「まやかしもの」「いんちき」「偽物」などの意味をもつようになった。

また、そうした偽物を売るなどの不正行為を働く人を「イカサマ師（如何様師）」というが、ペテン師と同義のせいか、片仮名で表記されることが多い。

大立者（おおだてもの）――業界の第一人者をこういうのは？

ある社会や業界で最も重んじられている中心的な人物を「大立者」と呼ぶ。政界にもいれば、財界にもいるものだが、この大立者、一般には歌舞伎用語として知られている。

一座の中心的な役者を「立て者」といい、これに最高位の「大」をつけて「大立者」になったという。しかし、語源をさかのぼると、歌舞伎より前の武士の時代に行きつく。

戦国の世で、武士がかぶっていた兜（かぶと）の鉢には、装飾用の金具「立物」がついていた。伊達政宗や武田信玄の三日月、真田幸村の鹿の角と六文銭などが有名だが、このような豪華な立物を身につけていたのは、大将軍や優れた大将たちに限られていた。

「大立者」の語源が、大将の「立物」にあるとするゆえんである。

えこひいき——誰が誰を頼りにすること？

お気に入りの人に肩入れして可愛がることを「えこひいき」という。漢字で書くと「依怙贔屓」となるが、これは仏教用語で、仏が、頼りにして依(よ)りかかってきた人間を慈しみ、目をかけ、力を添えて助けることを意味する。

しかし、人間同士の場合は、公平に目をかけて助けることは非常にむずかしい。素直さ、能力、見た目の良さなどが複雑微妙に作用し、どうしても特定の人だけに肩入れしてしまいがちだ。

そもそも贔屓の「贔」は重い荷物を背負うことで、「屓」はヒーヒー鼻息を荒く出すこと。ここから「贔屓」は、特定の人を引き立て、力を入れて後押しすることを意味する。

単に贔屓という場合、そこに不公平感がない。このことが「えこひいき」との大きな違いになるのだ。

青二才——「二才」は「新背」か、ボラの幼魚か？

経験の浅い未熟な若者を指すとき、「青くさい」「キミはまだ青いよ」などのように「青」を使うもの。とくに年長者が、世間知らずの若者を「この青二才が！」と罵(ののし)ったりする。

「青二才」とはまた奇妙な表現だが、二才にはどんな由来があるのだろうか。

青二才の「二才」には有力な説が二つある。一つは「新背(にいせ)」を語源とする説だ。

それによると、昔、若者組（今の青年団）に新規加入する者を新背と呼び、これが転じて「にさい」になり「二才」の字を当てるようになったという。

また一つは、「二才子」と呼ばれるボラの幼魚名から拝借したとする説。若者はまだ成長途上にあり、幼さや未熟さが目につく。

そんな年頃を成長魚の幼魚になぞらえて表現したというわけだ。

接待――もとは僧に湯茶をふるまうことだった！

「接待」という言葉は、主に社用や私用で客をもてなす意味に使われるが、本来は仏家の布施の一つとして、僧をもてなすことを意味した。

その昔、各地を巡行する行脚（あんぎゃ）僧のため、人々は門前で湯茶や食物などをふるまった。この習慣はやがて、往来の人にも行われて、路上に湯茶を用意し、往来の人にも行われて「門茶」とも呼ばれるようになった。

謡曲の『摂待』では「祖母にて候ふ者この摂待を始めて候」と、信心深いおばあさんが路上で湯茶をふるまう様子を謡っているが、このように、僧への「接待」も一般庶民に対する門茶も、特定の人へのお礼や感謝のためではなく、信者の篤志的行為から始まったものだった。

だが、これがのちに社用や私用で客を

もてなす「接待」につながる。そうなると湯茶だけというわけにもいかず、ゴルフ、麻雀(マージャン)、高級クラブと、金・時間・忍耐を要する大仕事と相成った。

謡曲名の『摂待』は「接待」に通じる。摂と接は「しょう」とも読み、「招待(しょうたい)」という言葉もそこから派生したという。

おいそれ——「おい」も「それ」も呼びかけの声から

「そんな手間のかかることは、おいそれとはできない」など、下に否定の語を伴って使う「おいそれ」は、「すぐに」「簡単に」という意味の副詞。その語源については、大別して二種類の説がある。

一つは、人に呼びかけるときの「おい」。そしてそれに応じる返事が「それ」。「おい」と呼ばれて、すぐさま「それ」(それ行け!)と応じて行動するところから、頼まれごとを安易に引き受ける、簡単に言いなりになるという意味になった。

もう一つは、「おい」は呼びかけの言葉ではなく、返事をするときに使われたという説だ。つまり、古くは人に呼ばれたとき、「はい」ではなく「おい」と答えていたというのである。

『源氏物語』に、「おい、さりさり(=そうだ、そうだの意)とうなずきて」とあり、「おい」が返事の言葉として古くから使われていたことがわかる。

けんもほろろ——無愛想にこう鳴く鳥は?

「土下座して頼んだのに、けんもほろろ

に追い返されてしまったよ」などと使われる「けんもほろろ」。人の頼みを無愛想に拒絶し、取り付く島も与えないさまを表す。

けんもほろろの「けん」も「ほろろ」も起源は同じで、鳥のキジからきている。「けん」は鳴き声、「ほろろ」も鳴き声と考えられているが、羽ばたくときの音とする説もある。

いずれにせよ、キジの発する音が冷たく無愛想に聞こえることから、人情味のない冷淡な態度を表現する言葉になったようだ。

だが実際は、オスのキジが「ケーン、ケーン」と鳴くのは求愛の印である。拒絶どころか、涙ぐましいまでの接近戦を演じるのだ。

朝三暮四(ちょうさんぼし)——猿に与えたどんぐりの数から!

宋の国に狙公(しょうこう)という人物がいて、猿をたくさん飼っていたが、餌代がかさみ、生活が苦しくなった。そこで考え抜いた末、猿たちを集めてこういった。

「これからおまえたちに与えるどんぐりを朝は三つ、暮は四つにする」

すると案の定、猿たちはギャーギャー怒り始めた。そこで、「朝は四つ、暮は三つにする」と訂正すると、猿たちは納得して大いに喜んだ。

よく知られている寓話だが、出典は二つ、『荘子』と『列子』にある。とはいえ、両者には解釈の違いが見られる。

『荘子』では、目先の利害ばかりを考え

て本質に気づかない愚かしさのたとえとして描かれているのに対し、『列子』は、巧みな知恵によって下の者を動かしていく君子の英知を称える内容となっているのだ。

泣いて馬謖を斬る——馬謖はなぜ処刑されたか

「経営強化のために、1000人の人員整理を、まさに泣いて馬謖を斬る思いで断行しました」。こんな文言に出てくる「馬謖」とは、諸葛孔明に重用された三国時代の蜀漢の武将の名である。

228年、孔明は漢中から魏領に攻め入り、魏軍と街亭で対戦した。孔明は、弟のように目をかけていた馬謖に街亭の指揮をとらせて、自らは他地域へと転戦した。ところが、馬謖は孔明の命に背いて険しい山上に布陣し、魏軍に大敗を喫してしまう。

中原攻略の雄図空しく、孔明はやむなく漢中に撤退するはめになり、そのため孔明は、泣く泣く馬謖を斬罪に処して全軍に範を示した。

この故事により、「泣いて馬謖を切る」は、規律を保つためには私情に流されることなく処分を行う、大きな目的のためには自分の愛する者をも切り捨てることをいう。

手を拱く——いったいどんな姿なのか？

国会中継や討論番組では「このまま手を拱いていて、済むと思うんですか！」

と、無策や無責任をなじる場面がある。

「手を拱く」とは両手の指を胸の前で組み合わせて深々と頭を下げること。中国の古い時代の挨拶（敬礼）の形式である。

腕組みをしていることから、何もせず傍観している（手出しせずにいる）という意味で使われるが、考え込んでいる様子を指していう場合もある。当人は処置に窮して思案しているわけだが、傍からすれば優柔不断な態度に見えてしまう。

なお、「拱く」は「こまぬく」のほかに「こまねく」とも読み、どちらでも間違いではない。

敬遠――なんと、孔子の教えだった！

「敬遠」という言葉は、今では「表面だけを取り繕って、実際は、疎んじて親しくしない」といった意味で使われる。しかし本来は相手を敬い、むやみに馴れ馴れしくしないことを意味した。

「敬遠」の語源は、孔子の教え「敬して遠ざく」である。

『論語』には、孔子があるとき弟子に「知とは何ですか」と尋ねられて、「務民之義、敬鬼神而遠之（人としての正しい道に努め、鬼神を敬ってこれを遠ざけるなら知ということができよう）」と答えた記述が見られる。

この点からすると、野球でピッチャーが強打者や巧打者を歩かせることを「敬遠する」というのは、的を射た表現だといえる。

もっとも、勝負に出るべきときに安易

に「敬遠」するような采配はいただけないが……。

めど――目当ての意味だが、本来は「針孔」と書いた

「細くても針は呑めぬ（たとえ小さくても見くびってはいけない）」「針ほどのことを棒ほどにいう（些細なことを大げさにいう）」など針を使ったことわざは多い。

そんな針の穴は「めど」ともいわれた。古くは漢字で「針孔」と書いたが、今は当て字で「目途」「目処」と書くことが増えている。

針仕事をするときは、その「めど」をねらって糸を通す。そこから「めど」は、目当て、見当、目標などの意味になった。

「めど」はほかに、易者が占いに使う筮竹に由来するという説もある。

昔は竹ではなく、「めどき（蓍）」と呼ばれる植物の茎を材料に使っていた。その「めどき」が「めど」になり、未来を予測する占いに関連づけて、目標、目ぼしなどの意味になったという。

老舗――「似たように為る」ことだって?!

老舗とは、「老」の字から、先祖代々続いている古い店のことだと考える人もいるだろう。

ところがどっこい、老舗は当て字で、もとは「為似せ」と書いた。創業者が始めた商売のやり方に「似たように為る」、すなわち「為似せ」というわけだ。

現在われわれが日本古来のものと思っ

ている品物には、南蛮渡来のものが少なくない。

タバコ、カッパ、コップ、カルタ、テンプラ、キャラメル、パンと、思いつくだけでも相当数が挙がってくる。これらの品々も、最初はもとの品を真似て「似たように為る」ことから始まった。

その後、さまざまな工夫を加え、定評を得た店が代々「為似せ」をしていくことで、伝統という意味を有する今の「老舗」になったのである。

コネ——原義は英語の「関係」だが…

就職できるか否か、そして大きなビジネスチャンスを得られるか否かは、コネのある・なしも無視できないもの。

コネは、ご存じのように、英語の「コネクション（connection）」の略で「関係」を表す言葉だが、そこから派生して、親戚、親類、縁者という意味もある。

もとは縁故関係を意味したコネも、今では使用範囲が広がり、「A社にはコネがある」といえば、そこに個人的に面識のある人が存在するというくらいの意味になっている。

なお、アメリカの俗語ではコネクション＝麻薬組織のこと。当地で「俺にはコネクションがある」などといおうものなら、あらぬ嫌疑をかけられかねない。

にべもない――「にべ」という魚のうきぶくろが由来

「いやあ、にべもなく断られてしまったよ」といわれれば、「ああ、素っ気なく断られたのだな」と、そのニュアンスはだいたい伝わってくる。では、にべもなくの「にべ」って何だろうか。

じつは「にべ」というのは、海に棲む魚の名前なのだ。スズキ目ニベ科に属し、「鰾」と書く。この漢字は「にべ」とも読むが、「うきぶくろ」とも読む。そしてこの「うきぶくろ」を煮詰めていくと、非常に粘着力の強い「膠(にかわ)」ができあがる。

にべのにかわは「鰾膠」と書き、これも魚名と同じく「にべ」と読むが、いわば強力な接着剤のようなものだ。「にべもない」とは接着剤が切れたような状態であり、換言すれば、物と物が離れた状態を指す。

これを人と人との関係に当てはめると、心と心が離れた状態を表すことになり、ここから、愛想がない、つれない、取り付く島がないといった意味が生まれたのである。

買いかぶる――語源はビジネスの失敗にあり

「キミは優秀だから、これくらいは朝飯前だろう」「社長、それは買いかぶりすぎですよ」。

こんなふうに使われる「買いかぶる」は、いわば、悪意の乏(とぼ)しいお世辞とでもいえようか。実際以上に人を高く評価することをいうが、もともとは、商品を実際の値より高く買い入れて損をすることをいった。

買いかぶるの「かぶる」は、漢字で書くと「被る」。「こうむる」とも読み、災害や損害など、悪いことを背負い込むことを意味する。

したがって、買いかぶるという言葉は本来、買ったがために損害を被る、つまり「商売上の失敗」のことを指していたわけだ。

仁義——もとはその筋の人のお辞儀のこと

「あなたのしたことは仁義にもとる」

道義に反することをして、それまで築いてきた信頼関係にひびが入ったときなどによく使われる言葉だ。では、「仁義」とは何だろうか。

任侠映画を頭に描く人もいるだろうが、まさに「仁義」は、やくざなどの間で行われる初対面の挨拶や、順守すべき道徳や掟（おきて）のこと。こういうと「え、孔子の説いた根本理念じゃないの？」という人がいるかもしれない。

確かにそうだ。「仁」は他人を思いやる慈しみの心（博愛）、「義」は道徳や倫理にかなった行いのこと（正義）。とはいえ、やくざの仁義は、孔子の教えとはあまり関係ない。

やくざが使う仁義の語源は、「辞儀」あるいは「辞宜」。どちらも「じぎ」と読み、頭を下げて礼をすることを意味する。

「じぎ」は、中世以降、「じんぎ」という

読み方に変わり、江戸時代中期から「仁義」と混同されて、今のような使い方をされるようになった。

挨拶することを「仁義を切る」というが、かつては兄貴分に対してこれをするのを忘れると、こっぴどくヤキを入れられた。そのため、彼らの世界では礼儀がことのほか重んじられた。

黒幕——芝居に使った場面転換用の幕から

政財界や暗黒街などで、表面には出ないが実権を握り、陰で組織や人間を自在に操る力の持ち主のことを「黒幕」という。この言葉は、芝居の大道具から出た言葉である。

本来の黒幕は、歌舞伎などの場面転換で舞台を隠したり、背景に用いて闇を表現したりするための黒い幕のことをいう。その黒幕の陰には、舞台の進行に大きな影響を与える動きがあることから、転じて、現在のいわゆるフィクサーと呼ばれる権力者を指す言葉になった。

一方、そんな大物のために手足となって働くのが「黒衣（くろこ）」である。歌舞伎などでは、観客から見えないという前提のもとで舞台に上がるが、実際には黒い衣装を身にまとったその姿が丸見え。

同じ黒でも、こちらの動きは手に取るようにわかる。

さしがね——もともとどんな道具だったか?

「それは誰のさしがねなの?」と問い詰

められるようなときは、たいていやましいことに関わったあとだ。

「さしがね」は、背後で人をそそのかして操ることをいう。その語源は「差し金」（挿し鉄）で、歌舞伎や人形浄瑠璃に由来する。

歌舞伎では、蝶や小鳥などの作り物を先端に結わえた黒塗りの細い竿「差し金」を黒衣が動かす。一方、人形浄瑠璃では、操り人形の内部に細い鉄棒「挿し鉄」を入れ、そこから麻糸を人形の手足に結わえて人形遣いが引いて動かす。

どちらも見えないところで小道具などを操ることから、今日のような用法で使われるようになった。

もちろん、悪い意味ばかりとは限らない。「あの子、落ち込んでいるようだから励ましてやって」と、好意に満ちた差し金もある。

三面記事——新聞の社会面をこういうわけ

「三面記事」といえば新聞の社会面のこと。しかし全国紙に目を通すと、朝刊はおおむね30ページ建てだ。30ページ目はテレビ欄で、社会面はその前、27〜29ページ目に当てられていることが多い。それなのに、なぜ「三面記事」というのだろうか。

これは、かつて新聞が4ページ建てを基本としていたからである。明治時代半ばに発行された『万朝報（よろずちょうほう）』は、四面あるうちの三面（3ページ目）に社会で起きた犯罪や事件、著名人のスキャンダル記事などを掲載した。

これをほかの新聞が真似したことから、社会面の記事を一般に「三面記事」と呼ぶようになったのだ。

給料——平安時代には「学問料」だった?!

「給料」といえば、月末などに勤務先から労働者に支払われる報酬のこと。

だが、平安時代は、学生たちに毎月支給される「学問料」のことをいった。学生は勉強している間は、働いて報酬を得られない状態にあるので、給料を元手に勉強したわけだ。

これに近いのは、今の防衛大学校だろう。自衛隊の幹部候補を育てる目的から特別職の国家公務員扱いとなり、学生手当として毎月十数万円が支給されている。

苦学する学生には羨(うらや)ましいかもしれないが、考えてみれば、サラリーマンなども会社のバックアップで、さまざまな知識や技術を学ばせてもらっている。この意味においては、給料を「学問料」と呼んでもあながち間違いではないだろう。

あぶれる——原義は水が「溢れる」ことから

仕事にありつけず、手持ち無沙汰になることを「仕事にあぶれる」という。これは、容器の水がいっぱいになって「あふれる」ことと関係がある。

「あぶれる」は、漢字で「溢れる」と書く。そうすると、なんだ、「あふれる」と読むときの漢字と同じじゃないかと思うかもしれないが、その通り。

かつては容器から水が溢れることも、それと似たような、人が余ってはみ出る（仕事などにありつけない）状況にも、「あぶれる」を使っていたのだ。今は、水などの場合は「あふれる」、人の場合は「あぶれる」と、言及する対象に応じて読み方を使い分けている。

ちなみに、ならず者を「あぶれ者」と呼ぶのは、社会の秩序から溢れ出てしまったからである。

抜け駆け――人に先んじることをなぜこういう？

仲間を出し抜き「お先に〜！」と一人いい思いをする。そんな「抜け駆け」をする人が、平安末期にもいたようだ。

源平合戦のさなか、木曽義仲（きそよしなか）討伐に向かった義経指揮下の軍に、佐々木四郎高綱（たかつな）とそのライバル梶原源太景季（かげすえ）がいた。この二人、宇治川を渡るときに「どちらが先に着くか」と、先陣争いを演じた。

二人が名馬に乗って川を渡り始めたとき、リードを取っていたのは景季だった。ところが、分が悪いと見てとった高綱、悪知恵を働かせて景季にこういった。

「梶原殿、お気をつけあれ、馬の腹帯が緩んでおりますぞ！」

しかしこれが真っ赤な嘘。言葉にしたがって、緩んでもいない腹帯を締め直すものだから、馬は騒

いで前へ進まない。この間に高綱は、まんまと先陣を切ることに成功した。

これが「抜け駆け」の由来である。

無礼講——後醍醐天皇が考え出した苦肉の策だった

「今日は無礼講だ〜、さあ飲め、飲め」

そういわれても鵜呑みにしていけないというのは社会人の常識だが、この「無礼講」、文字通りに解釈すれば、地位や役職といった垣根を取り払い、気楽にいこうということだろう。

しかし無礼講の起こりは、深刻な事情の中から捻り出された苦肉の策にある。

鎌倉時代、後醍醐天皇は北条政権を倒し、政治の実権を昔のように京都に取り戻そうと考えていた。そのため密かに同志を集めて、会合を開くことになった。

しかし、今のクーデターに当たるものだから、そんな不穏な相談事をしていると、北条氏に悟られかねない。そこで、当日は身分の上下を超えてドンチャン騒ぎをする会だと偽ることにした。

ところが世間は、この突然の騒動にびっくり。「無礼講だ」と大ブーイングを起こし、そのマナー違反を難詰した。

無礼講は「破礼講」とも呼ばれるが、このような由来をもつわけだから、羽目を外しすぎるのも考えものだ。

夜討ち朝駆け——保元の乱の合戦用語から

深夜や早朝に取材先の前で張り込み、本人が姿を現すや、取材攻勢をかける。

これを「夜討ち朝駆け」という。

事前の予告や承諾もなく、相手に切り込んでいくというのは、ふつうの感覚からすれば失礼の極みだ。ところが語源を調べると、その「ふつうの感覚」が命取りになりかねないことを教えてくれる。

「夜討ち朝駆け」の語源は保元元（1156）年の保元の乱にある。この戦いでクーデターを起こした藤原頼長についた源為朝は、戦略会議の席上「夜討ちに限る」と主張したにもかかわらず、頼長はそれをためらっていた。

ところがあにはからんや、敵方についた兄の源義朝が「夜討ち」をかけてきた。為朝方は完全に立ち遅れ、ついに負けてしまう。それ以来、「夜討ち朝駆け」という奇襲戦法が武士の間に定着していった。

やはりスクープをつかむには、遠慮などしていられないということだ。

裏書き——オモテに書いても「裏書き」とはこれいかに

手形や証券などを他人に譲渡する際に必要になる「裏書き」。裏書きというくらいだから当然、裏面にサインするものだと思うが、実際はそうではない。

裏書きは平安時代から始まったといわれる。当時は、書物は筆写しなければ副本が作れなかった。そのため、書き間違いや悪筆など、いい加減なものが氾濫することになった。

そこで、誰がその本を筆写したかを記し、間違いなく本物であることを証明する習慣が生まれた。この署名が裏書きの始まりだ。

鎌倉時代になると、巻物の表に文句と月日、宛名を書き、裏に署名をしたものを「裏書き」というようになった。さらに江戸時代には、借用書の裏に受け取り済みの文句を書いて署名したものを同様に呼んだ。

つまるところ、裏書きとは「裏付けた保証」という意味。これが明治以降に法律によって定められ、手形や証券などの信用を保証するために使われるようになったわけだ。

万年筆――最新の舶来物を売った人の名から

今でも万年筆を愛用する作家もいれば、就職祝いや入学祝いに万年筆を選ぶ人もいる。時代を超えて長く愛されるから「万年筆」というのだろうか？

「万年筆」は、英語でいうと「ファウンテン・ペン（fountain pen）」。泉のごとくインクが湧くペンという意味だ。明治時代にこれが売り出されたときは、「針先泉筆」という日本語名が使われている。

それが、なぜ「万年筆」と呼ばれるようになったか。

当時、丸善に万吉さんという販売担当員がいた。客に熱心にこのペンをすすめたことから、彼の名にちなんで「万さん筆」「万吉筆」と呼ばれるようになり、やがて「万年筆」になったという。

なお、英語名「fountain pen」のもとになった半永久的（万年）に湧く泉からきているとする説もある。

きりもり——何を切ったり盛ったりした？

切り盛りとは、仕事や家事など、物事全般をうまく処理することをいうが、もともとは料理で食べ物を切ったり、器に盛ったりすることを指した。

この言葉は平安時代のころから使われ、現代のように仕事をうまくさばく意味で使われるようになったのは、江戸時代以降のようだ。

切り盛りには、大規模よりは小規模の物事に当たるイメージがある。また、高額よりは少額を「やりくり」する切実さも感じられる。

おそらくこれは、少ない食物を上手に調理し、少しの無駄も出さぬよう心がける日本人の価値観にも関わるのだろう。

お茶を濁す——やはり茶道と関係があるのか？

「彼女とはうまくいっているの？」「まあ、その、それなりに……」。

「今夜、飲みに行かない？」「ええ、その、ちょっと、体調が悪いもんで……」

自分に不都合なことが起きたとき、その場しのぎのいい加減なことをいって、その場をごまかすことを「お茶を濁す」という。

これは、茶道の心得がない初心者が、抹茶の点(た)て方を知らずに「こんなものでいいだろう」と、適当に緑色に濁してその場を取り繕ったことに由来する。

茶道は伝統的な日本文化。一方、曖昧

な物言いで自分の気持ちを正直に答えないのが日本人の伝統的な体質。それが見事にマッチしたのが「お茶を濁す」だといえる。

裸一貫——「貫」に秘められたプライドとは？

「裸一貫」は、立志伝中の人物の苦労話でよく聞く言葉だ。

この「一貫」は重さを表す単位で、一貫は3・75キログラム。ちょうど生まれたばかりの赤ちゃんほどの重さだ。また、江戸時代の貨幣の単位でもあり、一貫は一文銭1000枚分に相当する。

つまり、たった一つの体であるけれども、その身は1000文（3・75キログラム）分の価値があるということだ。

さらに一貫は、終始一貫や一貫作業というときの一貫でもあり、「一筋に貫く」ことを意味する。

こうしたことから、裸一貫は、資本も財産も何もないところから、一貫して仕事に励み、一貫分の身を起こし、一貫して仕事に励み、ついには財をなすといった成功への道筋をも暗に内包する言葉だといえる。

天職——本来は、エッチなお仕事だって?!

「この仕事を天職と思っています」

挨拶の席やインタビューの席で、そのように誇らしげに話す人は多い。おそらくその中の何割かは、天から命じられた職や聖職の意味で「天職」を使っているのだろう。

だが「天職」とは、もともと遊女の階級の一つを指した。

井原西鶴の『好色一代女』に、「われ天職勤めけるうちに、頼みにかけし客三人までありにし」とあるが、天職は「太夫」の次位で、江戸・吉原の格子女郎に当たる。

最上位の「太夫」ともなれば、「情あって大気に生まれつき、風俗太夫職に備って、衣裳よく着こなし」（『好色一代男』）と、天性備わってこそなれる地位だった。今は、その天性に最もマッチした職業という意味で「天職」が使われている。

水を向ける——もとは霊魂を呼びだすために行なわれた

相手が話し出せるように、うまく仕向けることを「水を向ける」という。

「水向け」とは、巫女が霊魂を呼び出す「口寄せ」の際に執り行われるものだった。水を茶碗に入れ、樒の葉を浮かべて手向けると、生霊死霊が出てきて巫女の口を借りてしゃべり出す。水はいわば、おしゃべりの呼び水である。

そこから、相手の関心をある方向へ向けるように誘いかけること、暗示を与えて様子を探ることを「水を向ける」というようになった。

要は、ふつうに話しかけたのでは答えてくれそうにない相手に対して用いる手段である。

おそまきながら——何の種を遅く蒔いたのか？

「おそまきながら英会話を始めました」などと、遅れて何かを始めることを相手に伝える際、「おそまきながら」という表現を使う。この言葉は、時季に遅れて種子を蒔く「遅蒔き」に由来する。

野菜や草花などは、土地柄や収穫時期に合わせて、種子を早蒔きにしたり、遅蒔きにしたりする。

遅蒔きといっても時期が後ろにずれるだけで、早蒔きと同様、最終的には花や実をちゃんとつける。決してマイナーな意味で使われている表現ではない。

今や人生100年時代。おそまきながら始めても、花を咲かせることが可能だ。

お茶の子さいさい——「お茶の子」はお茶うけだった

何か頼まれごとをしたとき、「そんなのお茶の子さいさいよ！」と胸を叩く人もいる。「簡単にできる」という意味だが、それにしても不思議な言葉だ。

「お茶の子」は、お茶受けに出す菓子のことをいう。スナック菓子のようにドサッと出すものではなく、ほんのちょっぴり小皿に出すものだから、食べるのが容易でお腹にもたまらない。

そこから転じて、物事が「簡単にできる」という意味になったのである。

また、お茶の子についている「さいさい」は、「再々」(何度もの意)、あるいは、「済々」(多いの意)といわれているが、一方で、俗謡の「のん子さいさい」をもじったものだともいわれている。

つまり、「よいよい」「やいやい」などの囃子言葉と同類なのだという。なるほど、どうりで調子に乗ってホイホイ引き受けてしまうわけである。

目安——鎌倉時代の「めやす」は目標の意味ではなかった

「報告書は将来の目安になるように」「主婦の感覚を目安に価格を決定しましょう」などと、目標や標準などの意で用いられる「目安」。

この言葉の語源は、鎌倉・室町時代の訴状や陳状の書式にある。文書を箇条書きにすること（またその文書）を「目安」といったのだ。

江戸時代に入ると、目安はもっぱら訴状を指すようになった。そして8代将軍徳川吉宗が、享保6（1721）年8月2日、初めて評定所の門前に設置したのが「目安箱」である。

「箇条書きに」というのは、そのほうが見やすいからだったが、訴状を書く身にとっては、そう簡単なことではない。

字が読めない人も珍しくない時代だったから「目安書きして世を渡りける」（『諸国ばなし』）と、代書を生業にする者もいた。この目安箱の制度は、明治5（1872）年まで継承されたという。

ごねる——いったい何をこねたのか？

口を開けば文句や不平をいい、気に食

わなければ難癖つけて承服しない。そんな人は「またごねてるわ。イヤね」と嫌われる。

「ごねる」の語源は、「捏ねる」との混交とするのが定説だ。「こねる」は、粉をこねる、こね回すという意味から発展し、「理屈をこねる」「駄々をこねる」のように使われている。相手のいうことになかなか承服しないでねばることを意味し、「すねる」と同義である。

また、悟りの境地に至る「御涅槃」が変化して「ごねる」になったという説や、「死ぬる」は縁起が悪いので「し(四)」を「ご(五)」に変えて「ごぬる」→「ごねる」になったとする説もある。

ただ、これらの「ごねる」は、江戸時代に死を意味する用語として使われたというだけで、現在の「ごねる」の意味とは無関係のようだ。

営む――その語源は「暇無し」だって?!

「どうだい景気は?」「貧乏暇なしですよ」。商店街をぶらぶらしていると、店先からそんな会話が聞こえてくる。

店を営む店主が貧乏かどうかは別にして、忙しいのは間違いないようだ。というのも、「営む」の語源は「暇無し」だからだ。

「いとなし」は、いとまがない、忙しいという意味で、この語幹の「いとな」に動詞をつくる「む」がつくことによって、「いとなむ(営む)」という語になった。

「営む」は、忙しく物事をする、せっせ

とする、いそしむという意味だが、そのように毎日暇なく働いていれば、当然利益も上がり、人を雇おうか、会社組織にして経営しようかという話になる。

そこで「営む」の意味も、主に経営することを指すようになった。そして時代とともに、物事を執り行う、用意する、こしらえるなどの意味も加わり、営業、営利、営繕、設営、営巣、営農、営林など、数々の言葉が生まれていった。

貫禄――これがあるとはどんな人をいう？

立場にふさわしい身に備わった威厳がある、重みが出てきたなどの意味で使われている「貫禄」。もともとは「貫」と「禄」という、別々の語が合体してできた言葉である。

貫は、中世に田地に用いられた単位で、のちに尺貫法の目方と金銭の単位を表すようになった。一貫は一千匁（もんめ）（3・7キロ）で一千文としたが、江戸時代は実際には960文を一貫といった。

禄は、武士などに支払われた禄高や俸禄、つまり、給与や褒美のことをいう。たっぷりの貫と禄が合わされば、おのずから威厳や重みが加わろうというもの。

そこから、身に備わった風格を「貫禄」というようになったのである。

大詰め――クライマックスをこういう理由

「いよいよ大詰めだね」といわれたら、物事が最終段階に入ったということだ。

「大詰め」は、もとは歌舞伎用語で、時代狂言あるいは一番目物と呼ぶ演目の、最後の幕を指す言葉だった。なお、歌舞伎の興行は、時代狂言、所作事、世話狂言の順になっていることが多く、そこから時代狂言を、一番目物と呼んでいる。

時代狂言は、『暫（しばらく）』『鞘当（さやあて）』などの古劇や『忠臣蔵』『義経千本桜』といった歌舞伎の演目の中でも見所中の見所とあって、「大詰め」はまさに感動のクライマックスとなる。そこから、歌舞伎に限らず芝居の最終幕のことを「大詰め」というようになった。

これが一般語に転じ、「受験勉強も大詰めだ」「出世競争も大詰めを迎えた」と、さまざまな場面で使われるようになった。

ちなみに、世話狂言（二番目物）の最後の幕は「大切り」と呼ばれ、寄席（よせ）の最後の演目「大喜利」の語源である。

天下り――最初に下ったのは神話の神々だった！

民間企業へ強制的な命令・押し付けをする中央官庁。その官庁から関連企業に再就職し、悠々自適の生活を送る高級官僚。おまけに癒着（ゆちゃく）の不正も発覚し、「天下り」には負のイメージが強い。

しかし「天下り」は、もとは「天降り」であり、神々や天人が天界から地上界に降り立つことを意味した。

『古事記』には、「竺紫（つくし）の日向の高千穂の久士布流多気（くじふるたけ）に天降りまさしめき」と、天照大神（あまてらすおおみかみ）の孫ニニギノミコトが天降った、いわゆる「天孫降臨」の記載がある。

高千穂は稲穂を積み上げた山という意味で、ニニギはそこに降臨した。また、日本最初の夫婦神として知られるイザナギとイザナミが天降ったのは、国土創造のためである。

一方、天人が天降った例としては、『枕草子』に「めでたきもの」として「いづこなりし、天降り人ならむとこそ見ゆれ」とあり、本来はすばらしいものだった。

そんな「あまくだり」が、上からの押しつけや天下り人事の意味で使われるようになったのは、大正以降だという。

お株を奪う——奪われるのは何の株？

「カラオケはちょっと……」と渋る人を、「大丈夫、俺が手本を見せてやるから」と無理に誘ったら、プロ並みの歌唱力だった。このように、ある人の得意技をほかの人がうまくやってのけることを「お株を奪う」という。

この言葉は、江戸時代の株仲間に由来する。株仲間とは、幕府や諸藩の公認を得て結成された商工業者の独占的な組合のことで、その仕事を行使するための権利を「株」と呼んだ。

このほか、同心の株、家名や跡目の名称のことも「株」と呼び、売買や譲渡が認められた。現在でも、相撲の年寄株などは同様の意味で使われている。

のちに「株」は、広く職業上の特権や地位を指すようになり、さらに、相手を高める接頭語の「お」がついて「お株」となることで、ある人の得意技や専売特許を意味するようになった。

急がば回れ——草津と大津の往来がルーツだが…

納期に間に合わせようと焦ってやっつけ仕事をすると、結局やり直しになる。こんなときの教訓が「急がば回れ」だ。

この慣用句は「武士（もののふ）の矢馳（やばせ）の舟は駛（はや）く　とも　急がば廻れ瀬田の長橋」という和歌に由来する。作者は、平安時代後期の歌人源俊頼（としより）、あるいは室町時代の連歌師宗長（そうちょう）ともいうが、はっきりしない。

矢馳は草津市内にあり、古くから大津との間に渡し舟が往来していた。平常だと陸路を行くよりも、ずいぶん早く大津に着くことができた。

しかし、水上は天候によっては危険が伴い、急いで船に乗ったばかりにかえって遅くなり、命を落とすことさえある。そこで急ぐときほど、回り道をして陸路を行け、というのが歌の趣旨である。

「急がば回れ」は、最初は安全な道を行くことを奨励する意味で使われたが、やがて世の万般に引用されるようになった。

スポンサー——なんと、アメリカに実在した人物だった！

テレビを見ているとCMが多くてうんざりする。しかし、収入源の大半をスポンサーに依存するテレビ局にすれば、それもやむを得ないことなのだろう。

この「スポンサー（sponsor）」という言葉、もとは保証人、後援者を指した。それがテレビ・ラジオ番組の提供者という意味で使われるようになったのは、ある奇特な人物が現れてからである。

１９２０年代に、アメリカで一般向けの民間ラジオ放送が開始された。このとき、ある大金持ちの夫人が、すぐれた声楽家たちを集めて合唱団を組織。彼女がすべての費用を負担し、毎週この合唱団の賛美歌を全米に流した。夫人は実名を名乗らず、「Mrs. Sponsor（スポンサー夫人）」という匿名（とくめい）を使った。

番組は大好評で、スポンサー夫人の名は全米に知れわたった。ここから、番組提供者を「スポンサー」と呼ぶようになったのである。

ジャパン——日本がこう呼ばれたわけは？

侍ジャパン、なでしこジャパンというように、「ジャパン」という言葉は日本人にすっかりなじんでいるが、このルーツをたどると、「ji-pen-kuo」という語にいきつく。これは中国語読みで「日本国」を指した。

13世紀の後半、中国を訪れたマルコ・ポーロは、「ji-pen-kuo」を訛（なま）って「チパング」と読み、これを『東方見聞録』の中で伝えた。そのチパングがジパングと、さらに「ジャパン」になったのだ。

マルコ・ポーロは、フビライ・ハーンの使節としてチパング島、すなわち鎌倉幕府が統治する日本を訪れたという。

そして、チパング島を「黄金は無尽蔵にある」として、「宮殿の屋根はすべて黄金でふかれており」「宮殿内の道路や部屋の床は、板石のように4センチの厚さの純金の板を敷きつめている」などと紹介した。

ジパングの黄金伝説は、こうしてつくられたのだ。

問屋――文字どおり「問う」ことが仕事だった

生産者や輸入業者から商品を仕入れ、小売店に卸売りをする卸売業者（仲買人）のことを「問屋」という。

その歴史は古く、問屋の原型は鎌倉時代の「問丸（といまる）」とされる。問丸は当時の荘園の倉庫を管理しており、その管理料や運送料金を収納する役目を担った。

やがて問丸の仕事は広がって「問屋（といや）」と呼ばれるようになり、鎌倉時代末期には運送、為替、旅館業まで兼任していたという。さらに江戸時代には、呼称も「問屋（とんや）」に変わり、荷主の委託で仲買にまで手を広げた。こうして、現在の「問屋」に近い形になったのである。

さて、気になるのは問屋の「問」が何を意味しているかだ。『上方語源辞典』によると、「売買者に就て貨物の有無景況を問合すより此の名称」なのだという。

つまり、生産者には生産の具合を問い、小売店には商品の流れ具合を問うた。この「問う」という行為が、問屋の「問」だったのである。

しわ寄せ——高度な織物技術がそのルーツ

ミーティングに遅れれば、ほかの出席者にしわ寄せがくる。このように何らかの事情で生じた結果が、当事者以外の何ものかに及ぶことを「しわ寄せ」という。本来はあまり関わりたくない言葉だが、むしろ歓迎すべきものだった。

「しわ寄せ」という語は、特殊な織物にルーツをもつ。ふつう、織物はタテ糸とヨコ糸を組み合わせて織るが、「縮緬（ちりめん）」と呼ばれるしわのある織物は、タテ糸には撚（よ）りのない平生糸（ひらきいと）を使い、ヨコ糸には右撚りと左撚りにねじった強撚糸（きょうねんし）を2本ずつ交互に織り込んでいく。

この強撚糸には糸ノリがついているが、織り上がったあとに糸ノリを落とすと、撚りが戻って見事なしわが現れる。このときのしわが「しわ寄せ」のしわだ。

縮緬の価値は、しわの良し悪しで決まる。良い「しわ寄せ」は、丹後縮緬のような上品で高級感のある生地を生む。冒頭で歓迎すべきといったのも、こうした理由があるからだ。

内職——家の中でする仕事だから、ではない！

コロナ禍を機に在宅勤務をする人が増えた。リモートワークやテレワークなどと呼ぶが、要は「内職」のことだ。

ごく最近まで「内職」といえば、箱の組み立てや商品の箱詰め、シール貼り、小物類の製作など、主婦が家の中でする低賃金の単純作業という印象があった。

また、戦国の世が終わった江戸時代には、武士としての収入だけでは食べていけない者の中に、家にこもって内緒で傘づくりなどをする例もあった。

しかし時代を古代・中世にまでさかのぼると、内職とは宮廷での奥向きの仕事を指した。つまり、宮廷に仕える女官などの本業であり、それをするために家から通う人もいた。

今では、家の中にこもってやるものと思われている内職だが、昔はそうではなかったのだ。

吊るし――昔のオジサンたちの必須アイテムだが…

「吊るし」といっても、今の若い人たちには何のことかピンとこないだろう。

「吊るし」とは、「既製服」(レディメイド)のこと。注文して作る「仕立服」(テーラーメイド)の対極にある服だ。

昔のオジサンたちはスーツがくたびれてくると、「そろそろ吊るしを買わんといかんな」と妻に相談したものだ。それにしても、「吊るし」とは妙な言葉だ。

吊るしは昔、既製服ではなく、古着屋の店頭にハンガーなどに吊り下げられている古着のことを指した。吊り下がっているから「吊るし」、じつに単純明快なネーミングである。

やがて「吊るし」は、新品の安い服というイメージを伴って庶民に普及。戦前は東京の神田柳原に吊るし専門店が軒を並べており、そのために吊るしの服のことを「柳原仕立て」などと揶揄(やゆ)した。

ファストファッションがもてはやされる現代とは隔世(かくせい)の感がある。

楽屋――「楽しい部屋」という意味ではない

劇場やテレビ局にある出演者の控室を「楽屋」という。「楽」がついているくらいだから、そんなに楽しい部屋なのかというと、そうではない。

楽屋は、もとは「楽之屋(がくのや)」といって、舞楽(舞を伴う雅楽)で楽人が演奏する場所のことを指した。この場所は舞台裏にあり、舞人が衣装を着たり、出番を待ったり、あるいは楽器などを置くために利用した。

のちに能楽で囃子方(はやしかた)(音楽担当者)が舞台に上がって演奏するようになったため、楽屋は演奏する場所ではなく、演技者の準備や休憩のために使われるようになったという。

前略――いったいどこまでを略している?

「前略」という言葉の意味を勘違いしている人は多い。たとえば、1行目に「前略」と書き、「その後、おかわりありませんか」などと相手の近況をうかがっていたりする。

だが、「前略」とは文字どおり「前文を

略します」という意味。相手や自分の安否はもちろん、「拝啓」などの前文や時候の挨拶をすべてカットするからこそ、「前略」と断るのだ。

　したがって「前略　小生、入院することになりました」などといきなり要件を述べるのが、正しい書き方だ。

麻雀 ——「麻」の「雀」とはこれいかに?

　麻雀の原型は中国で17世紀前半に誕生した「馬吊（マーチャオ）」というカードゲームにある。これが現在のような麻雀の形になったのは、19世紀後半。上海（シャンハイ）市の南にある寧波（ニンポー）という町で完成された。

　陳魚門という人物が、使用する牌（パイ）を決め、用語を簡略化して基本ルールを決めたが、このとき「麻雀」という名前も誕生した。馬吊の別名を「麻将（マーチャン）」といったので、発音をそのままに「将」の字を「雀」に変えたというのが通説である。

「雀」の字を用いた理由には、二つの説がある。

①麻雀では、二つで一組の牌を一組と、三つで一組の牌を四組、計14枚をそろえるとアガリだが、この牌姿が、雀が羽を広げた姿に似ているから。

②竹骨製の牌を使うと、かき混ぜるときに雀のさえずりに似た音がするから。

　負けがこめばこむほど熱くなるのが麻雀の怖いところ。くれぐれも蓄えが「雀の涙」にならないように。

7章

思わずドッキリ?!
ちょっとやばい語源48

でっちあげ 盗人仲間の隠語でケンカに仕立てること！

事実ではないことを、さもあったかのように作り上げることを「でっちあげ」という。「捏ち上げ」と書くが、「捏」は捏造(ねつぞう)にも使われる漢字なのでなじみ深いだろう。

「でっち」は盗人たちの隠語で、ケンカや殴ることを意味した。そこから、ケンカに仕立てることを「でっちあげ」といい、さらに転じて、ありもしないことを証拠に作り上げること、根も葉もないことをもっともらしくいうことを意味するようになった。

また、「今朝までかかってでっちあげましたよ」というように、不完全ではあるが、どうにか間に合わせで作り上げたという意味で使われることもある。

ぐる ぐるぐると輪になることだった?!

「あいつら、やはり、ぐるだったのか」などと、悪事を共謀する仲間を一般に「ぐる」と呼ぶが、この「ぐる」は本来、ぐるぐると輪になっている状態を指す。

つまり、悪だくみをした連中が手を組んで、ぐるりと取り囲んでいるような格好だ。

「ぐる」になる連中は大人数もあれば、二人組もある。たとえば、ぐるの典型である美人局(つつもたせ)は、女と男がぐるになり、好色そうなカモに色目を使って関係をもちかける。いざベッドインのときを見計らって男が踏み込み、落としまえの金品をゆすりとる段取りだ。

なお、「ぐる」の語源はほかにも、江戸時代にぐると呼ばれた帯（ぐるぐる巻き）に由来するとか、騒ぐ、ふざけるという意味の「とちぐるう（とち狂う）」からとったなど、諸説ある。

白羽の矢が立つ
昔の人は本気で恐れたわけ

「いやあ、私には荷が重いですねえ」といいつつも、一人になるとにんまり。白羽の矢を立てられた人とは、往々にしてそういうものだ。

だが、昔、白羽の矢を立てられようものなら、それこそ一族、泣きの涙だった。

日本には各地に、山の神や水の神が人身御供（ひとみごくう）を求めるという俗説があった。神がこれと望んだ少女の家の屋根に、人知れず立ったのが「白羽の矢」である。白羽の矢を立てられた家の少女は、否応なしに生贄（いけにえ）にされたという。

神が立てたとされる白羽の矢は、実際には地方の神官たちが、白い矢羽根を使って娘たちを召し出したもののようだ。

現在この言葉は、主に名誉な事柄に関して、多くの人の中からその目的にかなった人を事前に選ぶ意味で使われている。

むしゃくしゃ
その語源は「むさし＋臭し」

腹が立つ、イライラする。そんなときは「あー、むしゃくしゃする」と叫びたくなるだろう。

「むしゃくしゃ」の語源は、「むさしくさし」。むしゃに相当するのが「むさし」で、汚らしい、不潔であるという意味がある。くしゃは「臭し」で、不快な臭い、うさん臭い、怪しいという意味だ。

心の中が「むさし＋臭し」とあっては、叫んだり、頭を掻きむしったりしたくなるのも、当然というわけだ。

猪口才（ちょこざい） 何をしたらこういわれるか？

牛若丸や一寸法師など、小さな体で縦横無尽に動き回り、相手を翻弄する小さなヒーロー。こうした手合いに手を焼く大人が、悔しまぎれに口にするのが「猪口才な小童（こわつぱ）め」。

ここで使われている「猪口才」は、ちょこまか、ちょこちょこなど小さな動きを表す「ちょこ」に、才能の「才」がついたもの。つまり「ちょっとした才能」のことを指し、のちに小生意気、小賢（こざか）しい、すばしこいなどの意味で使われるようになった。

露骨 あらわになった骨は戦死者の骨

おおっぴらなものを見たり、思慮・分別に欠ける言葉を聞いたりしたとき、人は「それって露骨すぎない？」などという。ふだんは意識しないで使っているが、なぜ「露骨」に、「露」と「骨」という漢字が当てられるのだろうか。

じつはこの言葉、考古学者・歴史作家の樋口清之によれば、もとは「戦死して弔（とむら）う者もなく骨を戦場にさらすこと」なのだという。つまり露骨とは、野ざらしになった遺骨が雨や露に濡れた状態を指す言葉なのである。

ウーマン　その語源は「男性を苦しめるもの」?!

欧米ではレディ・ファーストが徹底しているといわれる。ところが使用する言語に着目すると、日本語より英語のほうがはるかに男尊女卑的だ。

というのも、英語で女性は「Woman」というが、この語源は「Woe man」だという。「woe」とは、災い、苦難、深い悲しみという意味。つまり男性（Man）を苦しませるもの、それが女性というわけである。

あるいは「Womb man」が語源という説もあるが、「Womb」は子宮のことだ。

いずれにしろ、男性は「人間」の意味でもある「Man」で、女性はその変形という考え方が英語の中に見え隠れする。「Male」と「Female」も同様の関係にあるが、これらはアダムの肋骨（ろっこつ）からイブがつくられたというキリスト教の考え方と、無関係ではないだろう。

物色　生贄と宗教行事の関係とは？

多くの中から適当な人や物を探し求め

ることを「物色」というが、本来は生贄にまつわる言葉だった。

中国の『礼記』に、「生贄にする動物は毛色のよいものを選ぶこと」とあり、昔の宗教行事では、神に供物として捧げる生贄の毛の色を慎重に見分け、状態のよいものを選ぶことが大事とされた。

その条件にかなうものを探し求めたことから、転じて、よさそうな人や物をその姿形によって選び出すことを「物色」というようになった。

心中　本来は「愛の証し」を意味していた

「心中」と聞けば、真っ先に死を連想する人は多いだろう。しかし、もとは相思相愛の男女が、その真実を相手に示す心だてや証拠を「心中」といった。

歌舞伎脚本『傾城仏の原』に「それならばおれに惚れたといふ心中を見しや」とあるが、江戸時代の遊里では、惚れた証しとして、起請文、髪切り、指切り、入れ墨、生爪はがしなどをした。これを「心中立」といったが、この究極の形として死をかけた心中死（相対死に）が生まれたのである。

また、近松門左衛門の『曽根崎心中』が大当たりすると、彼は『心中天網島』『心中万年草』などの「心中物」を次々に発表。これが「世話物」の中心をなすようになった。

そのうち「心中」が情死の意味となり、転じて、二人以上の者が共に死ぬことも心中というようになったのだ。

けち　しみったれ、小心、不景気…をこういうのは?

　しみったれには「けち臭い」、小心・卑怯者には「けちな奴」。不景気になれば「けちなご時世」。そうした世の中にイライラが募れば、人のやることなすことに「けちをつけ」たくなる。ことほど左様に、「けち」はさまざまなニュアンスをもって使われている。

　そんな「けち」は「怪事（けじ）」の訛（なま）った語だという。つまり、怪しい、不思議、不吉、縁起が悪いという意味が元にあり、それが転じてさまざまな場面に使われるようになったのである。

　先の「けちをつける」も、縁起の悪いことが起こる→悪評などで物事がうまく進まなくなるというふうに転じたものだ。

「けち」にはほかにも、仏教用語の「結縁（けちえん）」（仏と衆生（しゅじょう）の結びつき）から派生したなど、複数の語源説がある。

羨（うらや）む　嫉妬を、古人は心の病気と考えていた

　他人の様子を見て、自分もそのようにありたいと思うとき、人は思わず「羨ましい」と声を発する。社交辞令としていう分にはいいが、ともすると、妬（ねた）み・嫉（そね）みになりかねない。

　嫉妬は「羨む」と同じ意味で、『日本書紀』（推古紀）でも「嫉妬（うらやみねたむ）こと有ることなかれ」と戒めている。イギリスの哲学者、フランシス・ベーコンは「妬む者に祝日はない」と看破（かんぱ）した。

古代、心のことを「うら」といい、「やむ」は「病む」。つまり「うらやむ」は、心を病む状態が語源になっているのだ。うらやむ状態は心の病気とわかれば「人は人、自分は自分」と、考え方を切り替えることもできそうだ。

断腸の思い

悲哀きわまる中国の民話から

「倒産のやむなきに至ったことは断腸の思いであります」などといわれると、悲壮感がダイレクトに伝わってくる。「断腸」は、字のごとく腸がちぎれるほどの悲しみをいう。

この言葉は、中国の伝説に由来する。

東晋の武将・桓温が船で三峡を旅したときのこと。部下が猿の子を捕らえたところ、母猿がこれを取り戻そうと、百里あまりの距離をどこまでも追ってきた。そして桓温の船に飛び移った直後、ついに息絶えてしまう。腹を裂いてみると、腸は無惨にもずたずたに切れていたという。

日本にも仔牛と母牛を題材にした同様の民話があるが、やはり、断腸の結末には涙を誘われる。

しゃり

偉大な人物の遺骨のことだった！

「しゃりが違うよ、うちは銀しゃりだ」。こんないなせな職人がいる寿司屋は旨いに違いない。「しゃり」とはもちろん米の飯のこと。その語源は、仏教語にある。

梵語のシャリーラの音訳で、漢字では「舎利」と書き、釈迦の遺骨（仏舎利）を指す。

釈迦が死後、荼毘に付されたとき、その骨は小さく細かな骨片に砕けたという伝説があり、その形状が米の粒のようであったとして、白飯を「しゃり」と呼ぶようになったのである。また、古代インドでは米粒を「しゃり」と呼んでいた。

仏の遺骨が語源とは驚きだが、米は日本人の食の生命線。一粒でも大切にと尊ぶ心が「しゃり」のたとえになったとみることもできる。

ミイラ
ポルトガル語が由来の語だって?!

ミイラの語源はポルトガル語の「ミルラ(mirra)」で、もとはミイラを作るときに防腐剤として用いる没薬(ゴム樹脂の一種)を意味した。

日本には、16世紀末ごろからエジプトのミイラが薬用として輸入され、万病に効くとして人気を集めた。このとき、没薬を意味するミイラが死体の意味に誤って解釈され、16世紀後半以降、ミイラ＝死体として普及していった。

「ミイラ取りがミイラになる」とは、一攫千金をねらってミイラを盗みにピラミッドに入った人間が中で迷ってしまい、出るに出られなくなって自らがミイラになってしまったという笑うに笑えぬ話だが、このことわざは、すでに江戸時代から盛んに使われていた。

ちなみに、ミイラは漢字で「木乃伊」と書く。これはミイラの作り方を詳述した書『輟耕録』に出てくる中国語だが、なぜこう表記するのか由来は不明だ。

どさくさ

「どさ」は佐渡だが「どさまわり」も関係が深い

「♪海は荒海　向こうは佐渡よ」と、佐渡は江戸から見れば日本海の向こう、遠国だった。そして流人の島、あるいは金が産出される島としても知られていた。

　鎌倉時代の公卿・日野資朝が流されたのをはじめ、日蓮上人や世阿弥らの著名人もここに流された。

　佐渡の金山発掘が盛んに行われた時期には、人足を確保するために、しばしば博徒狩りが行われた。そのことから賭場にお上の手入れがあることを「どさくさ」「どさを食う」といい、同時に「どさくさまぎれ」という言葉も派生した。

「さど」を逆さに読んで「どさ」というのは、寿司のたねを「ねた」、宿を「どや」というのと同じ、江戸時代にはやった倒語である。

　田舎回りの旅芝居を「どさまわり」というが、この「どさ」も（佐渡にゆかりの人には腹立しいだろうが）、「さど」が語源。「どさ」は、田舎や田舎者を軽視した呼称で、花のお江戸こそ一番という優越感が根にあったようだ。そこに「遠い島」である佐渡送りのイメージが重なり、「どさ」は地方送りの意味になった。

姑息

姑と息子の字から嫁いびりを連想するが…

「あいつ、姑息な手段を取りやがって」などと使われる「姑息」。

「姑」と「息」の字から、嫁いびりをするような義母とその息子を連想し、「姑息な手段」をずるい手段、卑怯な手段と思い込んでいた人もいるだろう。だが、姑息には本来そんな意味はない。

姑息の「姑」は、しゅうとめのほかに、しばらく、とりあえずという意味がある。一方、「息」は休息のこと。つまり、姑息とは一息ついてしばらく休むことをいい、ここから、その場しのぎ、一時のまに合わせ、一時逃れという意味をもつようになった。

ボイコット 悪名高き実在の人物の名前から

一斉に参加拒否を表明する闘争は「ボイコット」と呼ばれる。

この言葉は、アイルランドに実在したチャールズ・カニンガム・ボイコットなる人物と農民たちの〝仁義なき闘い〟に由来する。

ボイコット氏は、陸軍大尉の肩書をもつ農場の支配人で、日頃から人々の反感と恨みを買う人物だったらしい。1880年、小作人争議が起きるや、たちまち土地改革同盟から排斥(はいせき)された。

長年苦しめてきた農民からはもちろん、同業者からもソッポを向かれ、爪弾(つまはじ)きにされた。つまり、ボイコットされたのである。そして彼が受けた報いは、そのま

ま「boycott」という英名に残された。

世界的に民衆の間にそうしたうねりがあり、タイムリーな新語として各国に迎えられたわけだが、ボイコット氏にすれば、死して汚名を残す形になった。

皮切り　いったい、どこの皮を切るのか？

物事のし始め、手始め、きっかけ。「皮切り」にはそんな意味があるが、なぜこんな痛そうな言葉が使われるのか。

「皮切り」の語源は「お灸」にある。お灸をすえるとき、最初のお灸は格別に熱くて痛く、大の男でも思わず顔をゆがめるほどだ。

それはまさに、身の皮を切られるような痛みに違いない。

そんなことから、最初にすえたお灸のことを「皮切り」と呼んだのである。

『誹風柳多留（はいふうやなぎだる）』の「皮切りは女に見せる顔でなし」などは、いかにも苦渋に満ちた男の顔が目に浮かんでくる。

おとり　最初におとりになったのは鳥だった

麻薬ルートの摘発や人質救出などの難事件では、おとり調査によって解決をみることがよくある。

「おとり」はふつう「囮」の字を当てるが、もとは「招鳥」と書き、「おきとり」と読んだ。つまり、「おきとり」が省略されて「おとり」になったのだが、「招鳥」の字から察せられるように、本来は、鳥獣を招いて捕らえるのに使われた鳥のことをいう。

足をヒモで結わえた生きた鳥を罠(わな)に仕掛けたことが、今日の「ほかの者を誘い出す」意味につながったのだ。

火中の栗を拾う

フランスの詩人が書いた寓話から

火中の栗は、ふつうは焼栗を指すが、「火中の栗を拾う」となると、他人の利益のために危険を冒すことをいう。この言葉の由来は、17世紀フランスの詩人ラ・フォンテーヌの代表作『猿と猫』という寓話にある。

囲炉裏の中でうまそうに焼けている栗を猿が猫をおだてて拾わせ、そのために猫が大やけどを負うという話である。

ここから「他人の利益のために危険を冒す」という意味になったのだが、裏を返せば、世のため人のためといって、自己犠牲を払うような愚かな行為はするなという戒(いまし)めになっている。

皮肉

達磨大師の辛辣極まる言葉がルーツ

「まあ、タワーマンションにお住まいなの？　地震のときは大変ねえ」

あてこすりや意地の悪い物言いを「皮肉」というが、もとは中国禅宗の祖、達磨(だるま)大師の言葉だという。禅宗では「皮肉骨髄」と用いるが、骨髄は体の根本であり、「皮肉」は単なる表面だけとなる。

達磨大師はギョロリとした眼光が鋭い辛辣(しんらつ)が、物言いはそれにも増して辛辣だったという。

彼は、門人の意見が仏教の根本をよく悟ったものである場合には「骨を得た」「髄を得た」といって褒めた。しかし、門人の考えが浅く、悟りの心の薄いことを見てとると「お前の得たものは皮だ、肉だ」と批評した。

ここから、遠回しで辛辣な批判を「皮肉」というようになり、また、悪い意味に転じて、上っ面だけを見て非難する意味を伴うようになった。

悪党 荘園の支配秩序を動揺させた人々をいった

「悪党」の語源をさかのぼると、鎌倉〜室町時代において荘園領主の支配に抵抗した人々の集団に行きつく。

悪党は「異類異形」、つまり女用の日傘をもち、柿色の衣を着るという異様な姿で、ふだんは博奕にふけっているが、全国各地の荘園で代官を追放し、年貢米を横取りするなどの狼藉をはたらいた。

それも、今日はこちらの味方をしたかと思えば明日は風向きしだいという不可解な連中で、神仏を破壊し、僧侶を殺すなどして社会秩序を混乱させたのだ。

鎌倉幕府は見かねて悪党討伐に乗り出すが、彼らは逆に荘民の支持を受けてしだいに実力をつけていく。乞食同然のなりから、武士以上の武装を固めて荘園内に城を構え、鎮圧軍に抵抗して荘園の支配秩序を揺り動かしたのである。

荘民らは、そこに抑圧された暮らしから抜け出す光明を見いだし、悪党を支援した。そして、このうねりが南北朝時代の内乱へと広がっていった。こうした背景が忘れられ、悪党といえば悪人や悪者の集団の代名詞として使われている。

茶々を入れる
お茶を淹れることとは無関係？

人がまじめに話をしているときに、冷やかしたり、からかったりして話の進行を妨げようとする人がいる。そんなヒマがあったら「お茶の一つも淹れてくれ」と言いたくなるが、そもそも茶々を入れて話の腰を折るような無神経な人が、そこまで気が回るはずはない。

さて、「お茶を淹れる」と「茶々を入れる」は、似て非なるもので、まったく関係がない。

「茶々」の語源は「邪々」という言葉にあるといわれる。「邪」の字は「邪魔」という熟語にも使われ、「邪々」と二つ重ねると「わがまま勝手をいってねだる」「いたずらに騒ぎ立てる」「暴れる」といった意味になる。

そして、この意味が「じゃじゃ」から「ちゃちゃ」に読み方が変わっても、そのまま適用されたと考えられている。

暴れ馬のことを指す「じゃじゃ馬」の「じゃじゃ」も語源は同じ。また、この言葉の動詞形は「じゃじゃばる」。つまり、「茶々を入れる」は「じゃじゃばる」と言い換えてもいいわけだ。

すれっからし
「擦れ」て「枯れ」ると人はどうなるか

世の荒波に揉まれて苦労を重ねてきた

人のその後には、2種類ある。人情の機微に通じて分別のつく人と、世間の裏表に通じてずる賢くなる人だ。

「すれっからし」は、間違いなく後者に属する。この言葉は「すれからし」の促音化した形で、漢字を当てると「擦れっ枯らし」になる。

世の中に出て大勢の人と「擦れ」合い、その挙げ句、「枯れて」しまうということだが、それは人と人との間からうるおい（思いやりのある人間関係を構築するのに必要な潤滑油）が失われることを意味する。つまり、世間を見くびるような人柄の悪い人間になるということだ。

「すれっからし」の「すれ」は「あばずれ」の「ずれ」にも通じ、こちらは女性に対して用いられる言葉だ。

たてつく

反抗することをなぜこういう？

子どもが反抗期に入れば親にたてつき、新入社員も会社で年を重ねれば上司にたてつくようになる。突っついているわけでもないのに、反抗的であることを、なぜ「たてつく」というのか。

「たてつく」は、古くは「たてづく」ともいわれたが、この言葉の成り立ちが「楯を突く」であることは容易に想像がつく。攻撃用の矛や矢に対して板状のものを防御的に立てるのが「楯」。

つまり、「たてつく」は、地面に「楯」を突き立て、防御態勢をとることをいい、ここから、抵抗する、歯向かうという今日の意味が生まれたのである。

「たてつく」は、目下の者や弱い者が、目上の者や強い者に反抗することを指していうことが多い。

いんちき 博徒仲間の隠語から生まれた

不正やごまかしを見つけて「そりゃ、いんちきだよ」と指摘した経験があるだろう。「いんちき」は、明治期に博徒やテキヤ（露天商）などが使っていた隠語で、詐欺（さぎ）まがいの賭博をすることを意味した。

昭和期に入って一般にもこの言葉が普及するが、それまでは「いかさま」という言葉が使われた。じつは、「いんちき」の語源はいまだはっきりしておらず、ここに二つの説を挙げておく。

①排斥や軽蔑を表す接尾語の「ちき」を、「いかさま」の「いか」から変化した「いん」につけて「いんちき」とした。

②第一音節のあとに「んちき」を入れる言葉遊びがあり、たとえば「とんま」を「とんちき」とするように、「いかさま」からとった「い」に「んちき」をプラスして「いんちき」とした。

通説を得るには、いんちきくさい説を除いていくほかないだろう。

総領の甚六（じんろく） 長男で甚六さんという人がいたのか？

長男のことを「総領の甚六」という。

長男は大事に育てられるので、弟や妹よりもおっとりして、世間知らずやお人好しになりやすいという意味である。

「総領」は家族や一族の長を指すが、「甚六」とは何か。これは甚六なる人がいたのではなく、もとは「順禄（じゅんろく）」といっていたものが、訛（なま）って「じんろく」となった。

順禄とは順番通りに家禄を受け継ぐこと。長男は少々デキが悪くても、生まれた順番からいって親の禄を継ぐことができる。本来の「総領の順禄」が「総領の甚六」に変わって、世間から小馬鹿にされるようになったわけだ。

鬼籍（きせき）に入（い）る

人は死ぬと鬼になるってこと?!

人が亡くなったとき、「鬼籍に入る」という言い方をする。鬼という言葉に怖いイメージを抱いている日本人にとっては、何だか死んだ人が地獄に落ちてしまうような印象を抱く。

だが、この場合の鬼は、昔話に出てくるような鬼ではなく、単に死者の霊を意味した。だから、これに籍をプラスした「鬼籍」は「死者の戸籍」の意味である。

死者の戸籍を所持しているのは、極楽行きか地獄行きかを決める、かの閻魔（えんま）大王だ。鬼籍はいわば「閻魔帳」に相当し、鬼籍に入るとは、このリストに氏名や死亡年月日、生前の行いなどを連ねることだといってもよい。

ちなみに、鬼を「オニ」と読むのは、隠れるという意味の「隠に（おに）」からきている。死亡するとこの世から姿を隠してしまうので、オニといったのだ。

草葉の陰　こういわれたらあの場所しかない

「こんな不憫な姿を見たら、夫も草葉の陰で泣いていることでしょうね」などと使われる「草葉の陰」。

ここでいう草葉とは、もちろん雑草などの草の葉っぱのことだ。しかし、単にそこらへんに生えている草でもない。墓場に生えている草を指す。

今は、きちんと整備された霊園などに死者を葬るのがふつうだが、かつては墓石さえも置かずに山などに葬っていた。

そうした寂しい場所には人もあまり通わないため、草や木が伸び放題になっていた。そうすると、その陰が死者の眠っている墓所の上に落ちる。そんな様子から、墓の下（あの世）のことを「草葉の陰」と呼んだわけだ。

イタチ　その好まれざる習性が語源だった

見た目は愛らしいが、近年はその獣害によって嫌われがちなイタチ。嫌な臭いを連想させる「息絶ち（イタチ）」という本来の意味が、おのずと人間によくない印象を与えてしまうのだろうか。

「息絶ち」といっても、「臭いから、出くわしたら息をとめて通り過ぎなさい」という意味ではない。

じつはイタチは、獲物を狙うとき、相手に気づかれぬよう息をとめて忍び寄り、一気に襲いかかる習性がある。息を絶つのは人間ではなく、イタチのほうなのだ。

ところが、なんと、その名前は「屁」に由来するという説もある。つまりイタチとは「屁立ち」のことで、窮すると屁を放つことから、この名がついたという。

こうして見ると、どうもイタチの習性というのは、人間にとって好ましからざるタチのものが多いようだ。

やにわ 庭とは矢が飛んでくる場所だって?!

「やにわにミサイルが飛んでくるから、おちおち漁もできない」。日本海沿岸の漁師たちから、そんな嘆き（なげ）が聞かれるようになった。ここでいう「やにわ」とは、突然、いきなりといった意味だ。

やにわは、漢字で「矢庭」と書くが、この字を見てもあまり「突然」といった印象を受けない。ところが、これは決して当て字などではなく、ちゃんとその語源に即している。

「庭」というのは、昔は「庭園」といった狭い意味ではなく、「家の近くの場所」といった漠然とした意味を表していた。そして、そこには「矢」が飛んでくる可能性も十分あった。いわば、矢の射程距離内の場所ということだ。

突然、矢が飛んでくるという予想外のハプニングもあるということで、それを表す副詞「やにわに」となったのである。

野郎 子どもを表す「わらわ」が転じた

「バカヤロー」は、漢字に直せば「馬鹿

きに使う。

「野郎」だが、この「野郎」は人を罵(ののし)るときに使う。

「野郎」には、もともと「若い男」というほどの意味しかなかった。昔は、子どものことを「童(わらわ)」と呼んだが、ここから転じて「和郎(わろう)」になり、さらに転訛して「やろう」になったといわれている。

以降、月代(さかやき)を剃(そ)って一人前になった若者のことを野郎というようになる。

しかし、野郎の「野」には、田舎者、未熟者、はずれ者といった意味もあったので、だんだんに野郎が蔑(さげす)みの意味で使われるようになったようだ。

人を呪わば穴二つ
その「穴」は墓穴のことだった

人に恨みを抱くことは誰しもある。だが、相手の不幸を願って神仏に祈れば、「人を呪わば、穴二つ」とたしなめられるだろう。

この「穴」とは、ずばり墓穴のことをいう。人を呪うとは、憎むだけではなく、死に至らしめようとする意図さえある。そのような呪詛(じゅそ)をすれば、報いがきて相手の分と自分の分と二つの墓穴を掘って用意しなければならない――。

西洋にも同じ意味の警句やことわざがある。

「呪うとは、悪魔に祈ることである」(ドイツ)、「呪いは祭礼の行列と同じで、出発点に帰ってくる」(イタリア)。

似た言葉に「墓穴を掘る」があるが、この場合は自らの愚行や間違いがもとで破滅の道を歩むことをいったものだ。

一蓮托生(いちれんたくしょう) 仏教用語から悪い運命をも共にする言葉に

高齢の夫婦が一蓮托生を誓って寄り添う姿は、見ていて微笑ましい。悪たれどもが、「こうなりゃ一蓮托生だあ！」と悪事に走るのは、見ていて腹立たしい。

一蓮に生を托す、すなわち「一蓮托生」は、死んで共に極楽浄土に往生し、一つの蓮の花の上に身を托して生まれ変わりましょうという意味の仏教用語である。

この言葉がよく使われたのは江戸時代で、この世で結ばれなかった男女が、心中の前に「あの世では……」と来世に一蓮托生を求めて涙をこぼした。

「今度、生まれ変わったら一緒になろうね」の意味を込めて使っていたこの言葉も、今は、善くも悪くも行動や運命を共にするときに使われるようになった。

ふつつか こういわれる娘は太くて不格好?!

「ふつつかな娘ですが……」は花嫁の両親が、花婿の両親に挨拶するときの常套句(じょうとうく)。行き届かない娘という意味だが、語源を知ると、使うのをためらってしまうかもしれない。

「ふつつか」は漢字で「不束」と書くが、もとは「太束(ふとつか)」だったという。つまり、たばねた稲の太束のように、太くて丈夫で不格好という意味だったのだ。

江戸期になると、西鶴が盛んにこの言葉を使っている。

『名残の友』に「我につれそふ女のふつ

つかにして」とあるのは、不器量という意味。『好色一代女』の「この奥（奥方）の姿を見るに、京には見慣れず、田舎にもあれほどふつつかなるは又あるまじ」となると、野暮ったくてぶさいくで、下品でといった具合である。

その後、歌舞伎の『白浪五人男』の時代になって「お酌とても倅（せがれ）ばかり、ふつつかの段はお許し下さいませ」と、ようやく現在の意味と同じ「ふつつか」が登場する。

腐れ縁

腐っても切れないのは「鎖」でつながっているから

好ましくない関係でも、おいそれと切れないのが「腐れ縁」。もとは男女の仲から出た語だ。

昔は、男女が不義な縁を結ぶことを「腐り合う」あるいは「腐りつく」といった。腐敗した状態にたとえるとは、いかに世間の目が厳しかったかをうかがわせるが、一方で「腐りつく」はつながり合うことを意味する「鏈（くさ）りつく」ではないかとする説もある。

つまり、腐ってしまった関係でなく、「鎖」でつながった関係ということだ。このため、かつては「鎖縁」と書いたこともあったようだ。

夫婦は赤い糸で結ばれているというが、じつは太い鎖で結ばれていたのだ。愛が冷めても簡単には離

れられないわけだ。

ぼる　意外や、大正時代の米騒動から生まれた

法外な代価、費用を要求すること、不当な利益をむさぼることを「ぼる」というが、語源は「暴利(ぼうり)」にあるという。「ぼる」は、比較的新しい言葉で、大正時代に米屋が米の値段を吊り上げたことに始まっている。

米のあまりに法外な値上げに主婦の怒りが爆発し、富山の主婦たちが米屋に押しかけた。これをきっかけに各地で米騒動が勃発、政府はこれを収めるために、「暴利取締令」を発令した。この法令の「暴利」が「ぼる」に転訛し、一般に流布するようになった。

ほかに「むさぼる」に由来するという説もあるが、いずれにせよ、食の生命である米に関わりがありそうだ。

主婦たちのパワーも、ぼったくりのショックから立ち直るパワーも、米を食っていればこそである。

ちゃら　差し引きゼロにすることをなぜ、こういう？

両者共に貸し借りのない対等な立場にする、差し引きゼロにする、それが「ちゃら」である。

「ちゃら」は梵語からきた語で、もともとの意味は、欺瞞(ぎまん)、策略、詐欺(さぎ)。では、なぜこれが差し引きゼロに結びつくのか。

おそらく、それまであったものをなかったことにする行為が、でたらめで詐欺

まがいに見えたのかもしれない。「コーヒー一杯おごるから、借金をちゃらにしてくれ」といわれたら、確かに「そんなでたらめな話があるか」となりそうだ。

ところで、日常よく使う言葉には、「ちゃら」のつくものがけっこう多い。

ちゃらんぽらん、おべんちゃら、ちゃんちゃらおかしい……これらの「ちゃら」は、茶化すなどと同じく「茶る」が語原ともいわれている。

足元を見る

誰が誰の足元を見たのか?

人の弱点を見て弱みにつけ込むことを「足元を見る」という。弱点を見つけたいなら、言動や顔色を見そうなものだが、なぜ足元なのか。

この語源は、昔の旅に関係している。駕籠（かご）と馬しか交通手段のなかったころ、たちの悪い駕籠かきや馬方（うまかた）が横行し、旅人の足元を見て疲労度を見抜き、法外な賃銭を要求することがよくあった。

ヘトヘトに疲れていれば、客はどんなに高い値段でも、それでOKしてしまう。そんな心理を巧みに利用して、自分たちの利益につなげるわけである。

このことから、人の弱みにつけ込むことを「足元を見る」というようになったという。

いわくつき

込み入った事情が張りついていること

「いわくつきの商品」といった場合、少し瑕（きず）があったり、形が不揃いだったり、型落ち（かたお）だったりする。だが、外から見ただけではわからないこともある。

この言葉は、何か込みいった特別な事情があることを表し、そのほとんどは好ましくない事情説明に使われる。

この言葉のうち「いわく」は、論語などでもおなじみの「曰く」と書く。「○○がいうには」という意味だが、ほかに、「じつは」と打ち明けるべき隠れた事情や理由を表すときにも用いられる。

したがって、「いわくつき（曰くつき）」は、誰かがいった事情や理由が、レッテルのように「張りついている」ということだ。

不動産屋に「この部屋はいわくつきだからお安くしておきますよ」といわれたら、何らかのよくない事情が、その部屋に張りついているのである。

くわばら こう唱えたわけは雷神の祟りにあり

災難やとばっちりを食いそうになると、「くわばら、くわばら」と唱えて、わが身の安全を祈るお年寄りが少し前まで存在した。

「くわばら」は、もともとは落雷を避けるための呪文だった。語源については、二つの代表的な説がある。

その一。あるとき、雷神が誤って農家の井戸に落ちた。農民はすばやく蓋をして、雷神を天に帰らせなかった。すると雷神は、自分は桑の木が嫌いだから、「桑原桑原」と唱えれば、二度とお前のところには落ちないと答えた。

その二。受験の神様で知られる菅原道真が裏切りにあって大宰府に左遷された。そして死後、雷神となって自分を不幸に陥れた関係者に祟った。京の町中では何度も落雷が起き、たびたび大火事となったが、唯一雷の被害を免れた土地があった。それが和泉国桑原。昔、道真が屋敷を構えていた場所だった。

当初は、雷除けの呪文だった「くわばら、くわばら」だが、のちに恐ろしいことや忌まわしいこと、嫌なことなどを避けるときにも唱える言葉になった。

疑心暗鬼

大事な斧をなくした中国の故事から

いったん疑い出すと、怪しくないものまで怪しく見えてくる。そのような心理を「疑心暗鬼」という。この語源は「疑心暗鬼を生ず」。中国の古代寓話を掲載した『列子』に出てくる言葉である。

ある男が斧をなくした。隣の家の息子がどうも怪しい。奴が盗ったのではないかと、それとなく顔色をうかがうと、後ろめたい表情やそぶりが見える。外で出会えば足早に逃げるようであるし、俺を避けているように思える。ますます、これは臭いぞと思えてならない。

ところが、あるとき谷間を掘っていると、なんとそこに俺が探していた斧が転がっているではないか。どうやら置き忘れていたらしい――。

真相がわかれば、疑っていた人物の言動に何の不審な点もなかったことに改めて気づく。疑う心が起きると、ありもしない鬼が見えてくると、「疑心暗鬼」は伝えている。本当は、疑う当人のほうが鬼の形相をしているのかもしれない。

あばた
寒〜い地獄の一つ「アルブダ」があばたに

種痘がなかった時代、疱瘡（天然痘）にかかると、発疹のあとに醜いデコボコが残った。それを「あばた」といった。「あばた」は梵語の「アルブダ」がルーツで、それは何かといえば、なんと八寒地獄の第一だという。

仏教では、現世の行いが悪い人は地獄に堕ちることになっている。地獄道としては大叫喚や焦熱などの八熱地獄がよく知られているが、じつは八寒地獄というものもある。

上から下へいくほど寒さで責め苛まれる地獄で、この八寒地獄のいちばん上の地獄がアルブダだが、それでも水疱ができるほどの酷寒だという。

「あばた」という言葉が一般に流布したのは江戸時代のこと。それまでは、イモ、ジャンコなどと呼ばれていた。僧侶の間で隠語的に使っていたのが、広まったとされる。

案山子
昔のかかしは人の形ではなかった

人に似せた姿で田んぼや畑の周りに立ち、有害な鳥獣に睨みをきかす案山子。

古書によれば、「もと獣肉を焼き炙りて串に挟み立て、その臭をかがしめておどろかす故にかがしといふといへり」（『俚言集覧』）とある。また、狂言の『瓜盗人』に「鳥獣のつかぬやうに垣を結ひ、カガシをこしらへて置かうと存ずる」とあるように、古くは「かがし」「かがせ」とも呼ばれた。

当初は人の形に似せず、人間の毛髪を焼いたものを竹にはさんで立てたり、ボロ布やイワシの頭を焼いて串にはさんで畔（あぜ）道に立てたりした。

それが現在のように人間らしい形に変わったのは、脅し目的ではなく、田の神として田の稲を守ってもらう目的に変わったからではないかと考えられている。

ブルドッグ　その名は残酷な競技名から

低い鼻、しわしわの顔、だぶついた体、短い足などに特徴があるブルドッグ。

その形態は、闘犬として人間が改良に改良を重ねてきた結果である。そしてその名は、ブル・ベイティング（牛いじめ）という競技名からきている。

今でも闘牛や闘鶏などがあるが、昔ははるかに多くの「動物いじめ」が見世物として興行されていた。ブル・ベイティングもその一つ。17世紀初めに2匹の犬と1頭の牡牛を闘わせたのが始まりで、その競技のために品種改良されたのがブルドッグである。

短い足は牛の角に突かれないように、低い鼻は牛に嚙（か）みつ

いたとき鼻呼吸が楽なように、全身が武器として改良されてきたのだ。

1835年に「残酷だ」として競技が法律で禁止されてからは、ブルドッグは番犬や愛玩用として飼われている。

噛みついたら離さないなどといわれ、外見は獰猛だが、飼い主には忠実で性質は温和である。今は、パグやテリアとの交配で誕生したフレンチ・ブルドッグが「人懐っこくてかわいい」と人気を博している。

横柄　領地を無理やり奪うことだった！

偉そうに威張りくさっている。尊大で憎々しい。無礼きわまりない。横柄を表現すれば、ざっとそんな感じになる。

もともとは「横領平懐」といい、戦国時代に始まる言葉である。「横領」とは、他者から領地などを無理やり奪うこと。「平懐」は無遠慮で無礼なことを意味する。

この言葉を略した「おうへい」に、押しの強い人柄という意味の「押柄」の字を当て「おしから」と読んだ。「柄」は権力や勢力を意味し、権力を笠にきて尊大に振る舞うことをいう。

のちに「押柄」は、再び音読されて「おうへい」になり、やはり同音で強引の意味をもつ「横柄」の字にとって代わられたとされる。

シッチャカメッチャカ　異なる二つの語源説って？

「なんじゃこりゃあ！」と驚くような、

ひどく混乱・散乱した状態を「シッチャカメッチャカ」という。

舌を嚙みそうな言葉だが、一説に、奈良時代の弦楽器「弛衣茶伽」に由来するという。二十数本の弦を張ってつまびく楽器らしく、名手でないと扱いに困ったようだ。

また、「しっちゃか面子」を語源に挙げる説もある。徳田秋声の代表作『縮図』には、次のような一節がある。

「あんなのがと思ふやうなしっちゃか面子が、灰汁がぬけると見違へるやうないきな芸者になったりする」

この一節から想像すると、「しっちゃか面子」とは、混乱・散乱した顔、つまり不器量を指す俗語だったようだ。こう指摘するのは、作家の井上ひさしである。彼は、「しっちゃか面子」を芸者や役者など「愛敬商売で用いられた一種の隠語」だったと推測している。

どうやら、この「しっちゃか面子」が、「シッチャカメッチャカ」に発展して、世に広まったらしい。もっとも、元来の意味は薄れ、単にメチャクチャなことをそういっているだけのようだが。

火の車

家計が厳しいことをなぜこういう？

「赤字続きで、家計は火の車」とぼやくときに使われる「火の車」。

いったい、どんな車なのかというと「地獄を走る車」である。「火の車」は仏教用語で、本来は、地獄にある罪人専用の車を意味した。

火の車は字のごとく、それ自体が燃えさかった車のこと。生前に悪事をはたらいた罪人を乗せて地獄まで運ぶのだが、その間、罪人は燃える炎の中で焼かれる。まさに地獄の苦しみである。

そんなことから、財政や家計の非常に厳しい状態をたとえて、この言葉が使われるようになった。

仏教用語には、「火」のつくものが多い。たとえば「三界火宅」は、この世はつねに苦悩に満ち、燃えさかる家屋のようなものだという。檀一雄の代表作『火宅の人』の「火宅」はここから取られた言葉である。

8章

日本を再発見できる
アッパレ！な語源54

梅雨
じつは「五月雨」と同じものだった

さわやかな五月が過ぎるとやってくる鬱陶しい梅雨。「梅雨」は中国からきた言葉で、梅の実が熟すころに降る雨をいう。また、降り続く長雨のためにカビが生えやすいことから、「黴雨」の字を当てることもある。

ところで、この「梅雨」と「五月雨」が同じものであることをご存じだろうか。「梅雨」という言葉が伝わったのは江戸時代で、それまでは「五月雨」と呼んでいた。5月といっても、これは陰暦5月のことで、今とはほぼ1か月のずれがある。

国語学者の金田一春彦によれば、「五月雨」の語源は、「さ（田植えのこと）」＋「みだれ（水垂れ）」で、田植えどきに降る雨を指すという。また、昔の人が、同じ雨を「五月雨」と「梅雨」と呼び分けたところに、自然現象を表す日本語の細やかさを感じるとも。

なるほど、「五月雨が降る」といっても「梅雨が降る」とはいわない。五月雨は雨そのものを指すが、梅雨は梅雨入り（入梅）や梅雨明け（出梅）というように、6月の雨の降り続く期間を指すのだ。

お中元
陰暦7月15日に生まれた神を祭る日だった

多くの行事が廃れていく現代だが、中元と歳暮は贈る人も多い。このうち「中元」は、中国の三官信仰に基づく。

昔、中国では正月15日を上元、陰暦7

月15日を中元、10月15日を下元、まとめて「三元」といった。上元に生まれて福をもたらす神、中元に生まれて人間の罪を許す神、下元に生まれて水害災害を防ぐ神がいると信じられ、それぞれの誕生日には盛大に太乙星（天の神）を祭るのがならわしだった。

この風習のうち日本に伝わり発展したのが、孟蘭盆会の行事と重なる「中元」である。中元には半年の無事を祝い、祖先の霊を慰めるために親族や知人が互いに訪問し合った。その際に贈り物をしたのが、このしきたりのルーツである。

一方の「歳暮」は、御霊祭りという祖霊を祭る行事が起源。長寿と健康を祈り、供物として用意した餅や塩鮭などを親族、近所に配ったのが始まりである。

しつけ

子どもの「しつけ」は着物のしつけと同じ

「躾」という字は「身」に「美しい」と書く。これは漢字ではなく、日本で作られた国字（和製漢字）の一つだ。

「しつけ」という言葉自体は、二つの言葉が混同されてできたといわれている。その一つが習性を意味する仏教語の「習気」が転化して「しつけ」。また一つは着物を仕立てるときに、仕立てが狂わないように粗く縫っておく「しつけ」である。

つまり「しつけ」は、繰り返し行って

習慣性を身につけることと、途中でほころびや狂いなどが生じないようにしつける（教育する）という二つの意味をうまく併せ持った言葉だといえる。

そしてこれが、美しさを身につける「躾」という字につながっていくのだから、すばらしいというほかない。

あっぱれ　語源は真逆の「哀れ」だって？

「天晴れ」とは、字のごとく、晴れ晴れとしたときに使う言葉である。ところが、語源はこれとは真逆の「あはれ（哀れ）」。「哀れ」は、現在では気の毒なことやしみじみとした悲しみなどを表す言葉として使われているので、じつに意外だ。

しかし、「あはれ」という言葉は、もともとは、「おお、すばらしい」「ああ、いとしい」など、嬉しいにつけ悲しいにつけ、心情を率直に吐露するときに発する言葉だった。

「あっぱれ」は、その感動や感嘆などの度合いを強調した言葉なのである。

感動詞の「あはれ」から、悲哀などを表す形容動詞の「あはれ」に転じたのは、平安時代になってからだといわれている。

しんぼう　その語源は仏教用語の「心法」から

子どものころ、転んで怪我をしてじっと耐えていると、「辛抱強い子だねえ」と褒（ほ）められた。

このように「しんぼう」とは、つらさをこらえ、忍ぶことだ。辛さを抱えるから「辛抱」と書くが、「辛棒」と書く場合もある。

「しんぼう」という言葉は、仏教用語の「心法」に由来する。心法とは、一切諸法を五つに分けた中の一つで、「心のはたらき」の総称をいう。

「この心法をよく執行したる人は、悪鬼も、いやまさぬぞと、知らせんための不動明王にて候」と、『不動智神妙録』（沢庵宗彭）にある。心のはたらきを会得するためには、文字通り、相当の辛抱をしなければならないのだ。

愛敬

仏さまの慈愛に満ちた表情がルーツ

昔から「男は度胸、女は愛敬」といわれてきた。男は決断力があって物おじしないのがよく、女はにこやかでかわいらしいのがよいという意味だが、ジェンダーフリーの昨今ではあまり使われなくなった。

愛嬌は、仏教用語の「愛敬相」が転じた言葉で、もとは「愛敬」と書いて、「あいぎょう」と濁音で読まれていた。「愛敬相」は、仏や菩薩の慈愛に満ちた優しい表情のことをいう。

しかし中世以降になると、愛敬の「敬」の意味が薄まり、字も「嬌」に変わったことで、表情だけでなく、誰からも愛されるような言動や態度についてもいうようになった。

また読み方も、近世以降は「あいきょう」が優先になり、やがて現在のように清音のみになったという。

つつがなく

昔の人が恐れた虫が原因の病から

若い人たちにはほとんど無縁の風習になってしまったが、昔は手紙を書くとき、よく「つつがなくお過ごしください」と書いた。

この「つつが」は「恙」と書き、恙虫（つつがむし）という虫の名前である。ダニ目ツツガムシ科の節足動物で、野ネズミなどに寄生してツツガムシ病を媒介する。

この病気は、聖徳太子の時代から原因不明の病として恐れられていた。明治時代になってようやく病原体が判明したものの、戦前まで死亡率が40パーセント以上という恐るべき病だった。

ここから、昔の人たちは病気などの災厄をツツガムシ病に代表させ、相手の様子をうかがい、無病息災を願う意味で「つつがなきや（お元気ですか）」と手紙に記したわけだ。

足袋

「たび」に出るときに履いたから！

「足袋」といえば、日本ではかなり以前から着用されていたと思われがちだが、普及したのは意外に新しく、明治の中ごろからだ。

それもほとんどが自家製で、商品として流通したのは明治も末になってからだ。

「たび」という言葉のそもそもの語源は「旅沓」にある。これは旅をするときに特別仕立ての「沓（くつ）」を作ったことによる。

大昔の旅は過酷なもので、頑丈な履物

でなければ長旅に耐えられなかった。そこで鹿などの丈夫な一枚皮で半靴(ほうか)（金具付きの靴帯がない浅い靴）を作り、これを旅に用いた。「単皮(たび)」の字を当てることがあるのは、このためである。

今のように「足袋」と書くのは、平安時代の履物に由来するという。

当時は束帯(そくたい)を身につけるとき、沓の下に「下沓(したうず)」という布帛(ふはく)製の履物を履いた。そしてこの履物の別名が「あしぶくろ（足袋）」だったのである。

たつた揚げ

その見た目が、あの有名な和歌を彷彿させた

たつた揚げとは、鶏肉に下味をつけて片栗粉をまぶして揚げたもの。表面にまばらに片栗粉の白いかたまりができる。

このたつた揚げは、漢字では「竜田揚げ」と書く。「竜田」といえば思い出すのが、百人一首にある在原業平(ありわらのなりひら)の歌だ。

「ちはやぶる神代もきかず竜田川　から紅(くれない)に水くくるとは」

そう、たつた揚げの「たつた」は、竜田川の「竜田」なのだ。竜田川は、奈良県の生駒山付近から流れる生駒川が南下した地点での名称。大和川に合流する前の、16キロメートルほどの小流である。

ここは紅葉の名所として知られ、業平の歌は、川に流れる紅葉の美しさを歌ったものだ。

油でカラッと揚がった赤色は川に映える紅葉のよう。白く吹いた粉は川面できらめく光のよう。それでたつた揚げとは、何とも粋な命名をしたものだ。

几帳面
隅々まできちんとすることをなぜこういう?

何事も細部まできちんとする人を指して「几帳面な人だなあ」という。

几帳面の「几帳」は、平安時代以降、寝殿造りの邸宅などで使われた調度品の一つ。屏風のように室内に立て、人同士が直接顔を合わせないように隔てとした。今でいう、パーテーションである。

さて、その几帳だが、平安時代のそれは優美かつ繊細なもので、技巧的にもたいへん優れていた。

とばりの布は、冬は練絹に朽木形、夏は生絹に花鳥などで、色彩もゆかしい。そうしたいかめしく厳かに飾った体裁から、規則正しい行為や厳格で折り目正しい態度を「几帳面」というようになった。

一方、几帳面の「面」は何かというと、こちらは几帳の柱の角のこと。調理するときに「面とり」といって、にんじんや大根などの角の形を整えるが、几帳面も同じで、几帳の柱の角を丁寧に削って丸くし、装飾をほどこしたのだ。

なるほど、隅々にまで細かくこだわることが「几帳面」なのだとよくわかる。

畳
その語源は「たたむ」ことから

畳の始まりは、畳表のみを敷物にした薄縁で、古代では、茣蓙や筵などのことも「たたみ」と呼んでいた。

これらは使わないときには、巻いたり、たたんで重ねたりした。その「たたむ（もの)」の意で、敷物全般を「たたみ」といったものらしい。

現代の厚畳(あつだたみ)に近いものができたのは奈良時代に入ってからで、それも板敷きの一部分だけに敷いた。室町時代に書院造りが生まれ、そこで初めて畳を部屋全体に敷き詰めるようになる。

書院造りとは、禅宗の僧侶の書斎兼居間が発展したもので、襖(ふすま)、障子、床の間も、このときに考案されたものである。

一般の民家が畳を敷くようになったのは江戸時代以降で、「女房と畳は、新しいに限る」といった洒落も生まれている。

黄昏(たそがれ) 「誰だろう」と自問する時間帯とは?

夜でも街灯が道を煌々(こうこう)と照らす現代と違って、古い時代には、日が陰ると道行く人たちの顔の判別がつかなかった。

夕暮れの薄暗がりの中、向こうから近づいてくる人があれば、「あの人は誰だろう?」と自問したに違いない。これを古い言い方に直すと「誰(た)そ彼(かれ)」となる。

ここから、人の顔が見分けにくい夕暮れのことを「たそがれ」と呼ぶようになり、漢字の「黄昏」を当てた(黄昏の本来の読みは「こうこん」)。

黄昏は「時」という字を伴って「黄昏時(たそがれどき)」ということも多いが、これと対をなすのが、明け方の薄暗い時間帯を指す「かわたれどき」であ

る。こちらは「彼は誰(かたれ)」からきている。

黄昏は、日の盛りが過ぎた時間帯であることから、人生の盛りを過ぎた人にもたとえられる。「人生の黄昏」などというときは、うら寂しい、憂鬱(ゆううつ)といった意味である。

よそう　ご飯を器に盛るとき、なぜこういう?

「お母さん、ご飯よそって」と何げなく使っている言葉だが、「よそう」は漢字で「装う」と書く。ふだんは「よそおう」と読むことが多い漢字だが、飲食物をすくって器に盛るときは「よそう」と読む。

「よそう」の語源は、身だしなみを整えるの「よそおう」と同じで、本来は、したくをする、取り揃えて準備をする、繕(つくろ)う、飾るなどの意味。ここから、飲食物を器に美しく整えて盛りつけることを「よそう」というようになった。

『平家物語』にも見られる、由緒ある表現なのだ。昔から日本人は、ご飯を盛りつけるという簡単な行為にも、装う心を込めたのである。

一生懸命　武士が「一所」を懸命に守ることから

「一生懸命がんばります」

これほど多く使われる日本語もないのではなかろうか。今は「一生懸命」というのが一般的だが、もともとは「一所懸命」といった。

源平の戦いや南北朝の内乱をはじめ、国内の争いはすべて所領争いの歴史であるといっても過言ではない。「一所」には一つになるという意味があるが、武士の時代には、自分の命を危険にさらしながら得た「所領」のことを意味した。

それは生活の頼みである以上に、武士の誇りや命そのものだった。南北朝時代の戦記『太平記』に「一所懸命の地を没収せらる」とあるように、戦に敗れれば領地はたちまち没収され、一族郎党を路頭に迷わせることを余儀なくされた。

「一所懸命」とは、武士が一つの所領を命がけで守ることを意味し、それが転じて「一生懸命」となったのである。

バンザイ 昔、バンザイは「バンゼイ」だった

目標達成、入試合格、栄転の見送り、ペナントレースでの優勝など、めでたいときに万歳三唱はつきもの。

この万歳という言葉は中国から伝わったが、その語源は「万年」。いつまでも生き栄えることを意味した。

平安遷都の記録には「群臣と共に万歳と称して再拝踏舞す」とある。もっとも、このころは「バンゼイ」と発音し、万歳三唱の形式も生まれていなかった。

「万歳三唱」の叫びが初めて上がったのは、明治22（1889）年2月11日、憲法発布記念式典の席上のことである。

式典の準備を進めるうちに、従来のように黙って敬礼をするだけでは物足りない、天皇をお迎えするのに国民が唱和する言葉は何がいいかと考えた末、万歳がよかろうということになった。そこで唱

和するのに響きがよい「バンザイ」の発音に改めたのである。

時雨(しぐれ) サッと通り過ぎていく雨だから

「時雨」は、秋の末から冬の初めにかけて、音もなく降ったり止んだりする雨のことをいう。ひとしきり降ってサッと通り過ぎることから、「過(す)ぐる」が語源の一つに考えられている。

12月初旬の気象衛星からの写真を見ると、日本列島の切れ目に当たるあたりに、日本海から吹き出してきた何本もの筋雲を確認できる。

仙台、京都付近、下関(しものせき)の時雨がとくに有名なのは、このような地形に時雨が降りやすいからだといわれている。

風邪 「かぜ」はただの風ではなかった

「目病み女に風邪ひき男」。目を病んで瞳が潤んでいる女は男心をくすぐり、風邪をひいた男は鼻にかかったような声が女を魅了する。

色恋も風邪も一種の流行り病。眼帯姿もマスク姿も粋ではないかと、のん気なことがいえるようになったのは近世になってから。それ以前、風邪は命とりの病気だった。

そんな「風邪」の語源は、ずばり「風」である。いにしえの人にとって風は単なる自然現象ではなく、神風という言葉があるように、神が往来するときに伴うものと信じられていた。

とくに悪霊が吹かせる邪悪な風は、人間の体に障(さわり)をもたらすとして、病気に「かぜ」の語を当て、明治時代以降に「風邪」と表記するようになった。

海水浴 古代人も、心身を癒す効果があると知っていた

今や猛暑が当たり前になった日本列島。室内のクーラーで涼むのもいいが、アウトドア派ならやっぱり海水浴だろう。

海に出かけて水を浴びることは古くから行われており、「しおゆあみ」「しおあみ」「しおあび」などと呼ばれた(漢字では「潮浴」「潮湯治」と書く)。

浴の字は「浴す(浴びる)」という意味のほかに「恩恵を受ける」という意味がある。古代人は海水浴が心身に効果があることを知っていたようで、『古事記』には、イザナギが黄泉(よみ)の国の穢(けが)れを落とすため海水に浴したと記されている。

現代の海水浴は、18世紀にイギリスでその身体効果が説かれてから盛んになり、日本では明治初年に、蘭方医で軍医総監の松本良順が初めて「海水浴」という言葉を用いた。

彼によって初の海水浴場が、神奈川県大磯の照ケ崎海岸に開かれている。

月並み その語源となった正岡子規の俳句批判

自分の案がありきたりだと思うときなどに「月並みですが」と使う。

「月並み」は、「平凡」「陳腐」「新味がない」などの意味だが、このような意味を

もつようになったのは、明治中期以後、正岡子規の「月並俳句」批判がきっかけである。

月並みはもともと「月次（つきなみ）」と同じように、毎月決まって行われる「恒例」の意味で使われていた。「月並みの会を開く」といえば、毎月開かれる会ということだ。

句誌『ホトトギス』を発行した正岡子規は俳句革新運動の中心人物で、彼は、月並（月次）句会を開く旧派俳人たちの句を「卑俗陳腐にて見るに堪えず、称して月並調という」と批判し、「月並俳句」と揶揄（やゆ）した。そこから、平凡で古い感覚ややり方を「月並み」というようになった。

月並みを排した子規が唱えたのは、自然や事物を見たままに描く「写生」主義である。「白牡丹　ある夜の月に　くずれけり」。この月は、並（なみ）の月ではなかったようだ。

あかんべえ

赤い目裏を見せることから

下まぶたを引き下げ、赤い目裏を見せて「あかんべえ」。誰でも一度はやった経験があるだろう。

この「あかんべえ」の語源は、しぐさそのものの「赤目」にある。赤い目裏を見せることで、侮蔑（ぶべつ）あるいは拒否の意を示す。赤目が、めあかう→めかかう→あかべ→あかすかべと転じて「あかんべえ（またはあかんべ）」となったのだ。

「あかんべえ」の同義語に「べっかんこ」「べっかんこう」がある。こちらの語源は「目がご」で「がご」は化物（ばけもの）の意味だ。

アジ

どんな調理法でも美味だからだって?!

アジはスズキ目アジ科に属する魚の名前だが、その由来を聞けば、「マジ?」と驚くはずだ。アジは「味」を意味し、味がよいことからこの名がついたという。新井白石の著した日本語辞書『東雅』には、「アジは味也。其の味の美をいふなり」とある。

アジは縄文時代の遺跡からも骨が見つかっているくらい食用としての歴史は古い。平安時代の『延喜式』には「諸国例貢御贄。和泉（鯛、アジ）」とあり、神饌や行事食などに用いられていたことがわかる。

江戸の元禄年間（1688〜1704）に編まれた『本朝食鑑』では「円肥なものは、味わいが甚だ香美で、最も炙食に良い。あるいは鮓にし、煮物とし、膾とするのもまたよく」と、アジが万能の食材だと絶賛されている。

アジの字は、魚偏に「參（参）」と書く。この参は、おいしすぎて「参った！」からきているという説もあるのだ。

てっちり

「てっ」は鉄砲、では「ちり」は?

冬の味覚の王者といわれるフグは、別名「てっぽう」とも呼ばれる。フグはおいしいが、テトロドトキシンという猛毒をもつのが玉にキズである。運悪く毒に当たれば命取りになりかねないため、「鉄砲」にたとえられたわけだ。

このフグを使った鍋を「てっちり」という。「てっ」はてっぽうの「てっ」。では「ちり」は？　というと、こちらは明治時代に来日した外国人が、出された刺身を食べられず、さっと熱湯に通して、「ちりちりっ」とさせて食べたことに由来する。

そしてこれが、魚を使った鍋物「ちり鍋」の端緒となり、中でもとくにフグ鍋のことを「鉄砲ちり」、さらに縮めて「てっちり」というようになった。

なお、「てっちり」に付き物の「ポン酢」は、オランダ語のポンス（pons＝ダイダイの搾り汁）の当て字で、江戸時代に長崎から広まったという。

おでん
その元祖は平安時代の田楽にあり

寒い季節になると恋しくなる「おでん」。その歴史は意外に古く、元祖である「豆腐田楽（でんがく）」が登場したのは平安時代。それに味噌をつけて食べるようになったのが室町時代の末期である。

田楽とは、田植えをする際に踊る舞踊のことで、一本足の高足で踊るその姿が、豆腐の串刺しに似ていることにちなんでつけられた。

この豆腐田楽が「おでん（御田楽（おでんがく）の略称）」と呼ばれるようになったのは、江戸時代にこんにゃくの田楽が登場したのがきっかけ。庶民にファストフードとして愛され、やがて現在の形に当たる「煮込みおでん」へと進化していった。

なお、当初はだしの利いた醬油の汁ではなく、味噌による味つけで食したようである。

番頭

商家ではなく武家社会で生まれた言葉

日本を代表する三井や三菱などの商社も、今日のような発展を遂げるまでには、さまざまな人たちの陰の功績があったといわれている。

なかでも、「番頭」と呼ばれる実務面での総括責任者の存在が大きく、彼らがいなければ、商業の発展さえなかったといわれる。

「番頭」の語源は、源頼朝の時代にまでさかのぼる。当時、頼朝は全国の御家人を集めて京都の内裏（だいり）の警護に当たらせ、これを「京都大番役」と呼んだ。

この役職は3か月ないし6か月にわたって勤めることになっていたが、この役に就いた者を「番衆」と呼び、その中で組を同じくする同士を「番士」、それを統括する者を「番頭」と呼んだ。

番頭といえば、江戸時代の商家で使用人の頭（かしら）として店全般を取り仕切った人というイメージが強いが、最初の番頭は武家社会で生まれたのである。

大八車

物を運ぶ車をなぜこう呼ぶのか？

大正12（1923）年に起きた関東大震災では、本所被服工廠（こうしょう）に避難してきた人たちの荷物に引火して大惨事になったが、このとき家財道具を大八車に積んでいた人が多かった。

大八車は、江戸時代に登場したが、当初は「代八車」の字を当てていた。八人分の力と同じくらい役に立つ運搬車という意味だ。

しかし、明治になって、これが車台の長さの意味に転じ、車台が八尺の長さのものを「大八車」、七尺のものを「大七車」と呼んだ。

ところが、大七車の呼び名は一般化せずに、大きさの違いにかかわらず、すべて大八車と呼ばれたのである。

昭和になると、海外から輸入されたサイドカーと大八車の利点を融合したリヤカーが登場し、荷物運搬の主流をなすようになった。

虫がいい

ヒトの体内には複数の虫がいるから…

自分の都合だけを考えていると、「ずいぶん虫がいい話ね」などといわれる。なぜ虫が登場するのかよくわからないが、実際のところ、日本人は「虫」というものをかなり重要に考えてきた。

人間の体の中には何匹かの虫が棲んでいて、その虫が病気の原因になったり、感情を支配したりしているという考え方である。医学が発達していなかった時代、制御できない心身の複雑な動きを説明するために、虫の存在を考えたとしても不思議ではない。

「虫がいい」もそうした発想から生まれた言葉の一つである。

「虫が知らせる」「虫が好かない」「虫酸（むしず）が走る」「腹の虫が収まらない」「虫の居所が悪い」……これらを見ても、虫とはムシできない存在であることがわかる。

うだつが上がらない ──住居に不可欠の二つの「うだつ」

運が悪くて何もよいことがない、いくら働いても出世しない。こんな人は「うだつが上がらない」といわれる。

「うだつ」は、漢字で書くと「梲」。短い柱（小柱）を意味する。そこから、家を建てるために棟上げすること、転じて、志を得るという意味になった。

「うだつが上がらない」は、梲が立たなければ棟上げできないところからきている。また、掘井戸などの一番下に組むワクのことも「うだつ」というが、これもまた、年中下積みで浮かばれない→立身できないことを意味する語源の一つと考えられている。

手水（ちょうず） ──トイレに行くとは清めること？

「手水」という字を見て、「ちょうず」と読める人は少なくなってきた。もちろん、「てみず」と読んでも間違いではない。もともとが「てみず」と読み、てうず→ちょうずと変化してきた言葉だからだ。

「手水」には、水で手を洗うという意味がある。また、用便後に手を洗うことから、トイレに行くこと、さらには大小便そのものを指すようになった。

手水には、単に「洗う」という意味だ

けでなく、穢れを落として「清める」という神聖な意味もある。そのため寺社には手水舎という場所があり、参詣者が手を清めるための手水鉢が置かれているというわけだ。

端午の節句

「端午」はずばり5月5日を指す

3月3日のひな祭りは女の子の節句、5月5日の端午の節句は男の子の節句。今はそれが常識になっているが、この日が男の子の節句になったのは江戸時代以降で、それ以前は意外や、女の子の節句だった。

というのも、解毒作用や造血作用があるヨモギの入った餅を食べたり、菖蒲湯に入ったりするのは、すべて女性の体を健康にするための療法だからだ。

それがなぜ男の子の節句になったかというと、一つは「菖蒲」と「尚武」の音が似ていることから、武事に励むべき男の子にこそふさわしいと考えたのだろう。

また一つは、女児にはひな祭りがあるのだから、5月5日に再び祝うのは贅沢だとの考えもあったろう。いずれにせよ、5月5日は男児単独の節句になった。

「端午の節句」という言葉は、ズバリ5月5日を表す。「端」は「初め」の意、「午」は「五」と同じ。「端午」で、5月の初めの5の日を指すことがわかる。

出で立ち

旅に出るとは、こんなにも特別なことだった

かつて男性にとって、困難な旅を経験

することは人生修業であり、人間形成の一環でもあった。その初めの経験が「ひとたび」、二度目が「ふたたび」、つまり「度（たび）」の語源は「旅」だという説がある。

旅に出るというのはそれくらい重く意識された。そこで、旅に出ることを「出る」を強調して「出で立ち」といい、それにかなう身仕度も同じ言い方になったのである。

今でも「出で立ち」といえば日常的な服装ではなく、初出勤や初デートなど、ちょっと構えた身なりを指すのもこんな事情があるからだ。

蕎麦 その語源は「角」にあり

蕎麦は、角を意味する「稜（そば）」という語に由来するという。しかし蕎麦のどこに角があるのだろうか？

じつは、蕎麦には立派な角があるのだ。麺になる前の植物のとき、蕎麦の実も葉も、ほぼ三角の形をしている。「稜」を「かど」と読むのも、山の稜線（りょうせん）のように、険しく角ばった形をしているからだ。

そういえば、「耳をそばだてる」「目をそばめる」などというが、この言葉から、耳や目を三角にしている様子を連想できないだろうか。

もっともこちらのほうは、「欹（そばだ）てる」（一方へ集中させる）、「側（そば）める」（そむける）と書くのだが。

カササギ

もとは「カラスサギ」と呼ばれていたって？

「かささぎの渡せる橋に置く霜の　白きを見れば夜ぞふけにける」と『万葉集』の編纂者・大伴家持の歌にも詠まれているカササギ。

　この鳥は背が黒いので、一見するとカラスのよう。ところが、腹は白くサギのようでもある。そんなことから、カラスとサギを合わせて、「カラスサギ」とし、略して「カササギ」と呼ぶようになった。

　万葉歌人に詠まれたといっても、カササギはもともと日本に生息していた鳥ではなく、朝鮮半島から渡ってきた鳥である。そのため、朝鮮鳥、唐鳥、高句麗鳥などの異名をもつ。

かえで

紅葉が蛙の手に似ていたことから

秋の野山を色鮮やかに染める紅葉。この「紅葉」は、一つには「もみじ」と読む。紅花で赤く染めることを「もみず」ということからついた名前で、今では赤く紅葉した葉の総称として使われる。

　もう一つ、紅葉は「かえで」とも読む。そしてこの場合は、「手」が名前の由来に関与している。ただし、人間の赤ちゃんの手ではなく、蛙の手だ。葉の形が蛙の手に似ていることから「蛙手」→「かえで」となったのである。

　また、「鶏冠木」と書いて「かえで」「かえるで」と読ませるが、これは、かえでの紅葉した葉が、鶏の赤いトサカに似ていることから当てられた漢字である。

カッパ　川に住む子どもが「河童」となった？

カッパの正体は依然わからないままだが、その語源については、ある程度まで解明が進んでいる。

カッパは、その棲み処と、カッパを定義する容姿が「子どものようである」ことからきているといわれる。その定義とは具体的にどんなことなのか。

まずは、4～5歳の子ども並みの身長であること。次に、頭に皿があり、そこに水を蓄えていること。三つ目に、水陸両棲だが、皿が乾くと死ぬので長く陸にはいられないこと。

そして最後に、手足に水かき、背には甲羅や鱗があるということだ。

初め、カッパは「河の童」ということで、「カワワラワ」と呼ばれた。それが「カワワッパ」→「カッパ」となったという。異論もあるが、これが通説である。

三国一　ここでいう三つの国とは？

「三国一の花嫁」などという「三国一」とは、世界一という意味。では三国とは、どこの国を指すのだろうか。

答えは、中国（唐土）、インド（天竺）、そして日本だ。世界地図も地球儀もなかった時代、日本人の世界観は、仏教伝来のルートに関わる、この三国がすべてだった。だから三国で一番であれば、世界一と考えたのである。

『義経記』に「実にわが朝の事は言ふに及ばず、唐土天竺にも主君に志ふかき者多しといへども、かかる例なしとて、三国一の剛の者といはれしぞかし」とある。

これがのちに祝言のときに、三国一の花嫁などと褒め称える謡の言葉に転じ、一般にも「世界一」の意味で用いられるようになった。

権化　人間の姿を借りた仏のことだった！

人間、あまりにもひどいことをし続けると「悪の権化」と叩かれる。

「権化」とは、ある一つのことや、目的に凝り固まっていることをいうが、もとは仏や菩薩が衆生を救うために、人間の姿に仮託して現れることを意味した。

だから、本来は「美の権化」や「母性愛の権化」など、よい意味に使われてしかるべきなのだが、現実はそうなっていない。これでは仏や菩薩のお目こぼしもいただけないというものだ。

権化から派生した言葉に「権現」があり、同じように、仏や菩薩が「仮に現す」ことを意味している。権現のほうは、仮の姿が日本の神々となって現れ、熊野三所権現や春日権現などが知られている。

また、生身の人間でありながら「権現さま」と奉られているのは、ご存じ、日光東照大権現の徳川家康である。

老婆心　仏教が手本としたおばあさんの親切

人に忠告するときに、へりくだって「老

婆心から申し上げますが……」と前置きすることがある。この「老婆心」は、仏教の教えである「老婆心切」からきたものだ。

仏教では、親切の語源の「心切」ということを説くが、師僧が弟子を教え導くときの心得を「老婆心切」という言葉にたとえた。

というのも、お婆さんというものは、孫を可愛がったり、近所の世話を焼いたりと、何くれとなく親切を施すものである。その気持ちを、「心切」のお手本として見習わなければならないと教えたのである。

しかし、この言葉も一般に広まってからは、「必要以上の親切」という意味で使われるようになったのだ。

とんぼ

その語源は空飛ぶ棒から

「♪夕焼け小焼けの赤とんぼ〜」

この曲が流れると、とんぼを追いかけた子ども時代を思い出す人も多いのではないか。スイスイと軽快に飛んでいく姿を見ていると、秋が近づくのを感じたものだ。

とんぼの名は、その飛ぶ姿が「飛ぶ棒」のように見えたからだろうか、「とん（飛ぶ）」と「ばう（棒）」から成る言葉だと考えられている。平安末期のころから「とんばう」、江戸時代には今と同じように「とんぼ」と呼ばれていたようだ。

これとは別に、井戸に物を投げ入れる「ダンブリ」という音が語源ではないかという説もある。とんぼが、とんぼ返りをしたり、急降下したりする動作からの連想だという。

大御所 そもそも誰が住むところだった？

政財界や芸能界などには、いわゆる「大御所」と呼ばれる人がいる。

この言葉は、「御所」が示しているように、親王や摂家（せっけ）、大臣家の居所に由来している。居所とは隠居所のことで、転じて、その人の尊称として「大御所様」と呼びならわした。

武家社会になってからは隠退（いんたい）した将軍にも使われ、江戸幕府では、初代の徳川家康と11代の家斉（いえなり）をこう呼ぶことが多い。実際、「大御所時代」とは、寛政の改革と天保の改革の中間あたりを指す呼称で、家斉が「大御所」として実権を握っていたころだ。

そこから、すでに第一線を退いてはいるが、大きな功労があって隠然たる勢力をもつ人や、その道の大家として存在感を保持している人を「大御所」というようになったのだ。

無念 本来は心に邪念のないことを指したが…

「無念」は現在、悔しい思いや残念な思いを表す言葉として使われているが、もともとは仏教用語で、「正念」と同様、尊い心のありようを意味した。

仏教では、「有念（うねん）は皆邪なり、無念は正なり」と教え、心に妄念のないことを「無念」といった。メンタルトレーニングを受けている野球選手が「無念無想でバットを振りました」などというが、一切の妄念にとらわれずに、無我の境地に入ることが本来の「無念」である。

ところが今は、自分の思い通りにならなかったとき、期待外れの結果になったときに「残念無念」といった言い方をする。そこには、ただ悔しがるという乱れた心の表出があるだけだ。

本来の「無念」とは程遠い人間の業(ごう)を感じさせる。

ピカイチ いったい何が光っているのか?

「魚の中では目黒のサンマがピカイチだ」どこかで聞いたようなセリフだが、要は、同類の中で最も優れているもののことを「ピカイチ」ということだ。じつはこれ、花札用語で、漢字にすると「光一」となる。

花札では、価値のない札をカス、手札の中に1枚だけある20点札を「光り物」と呼ぶ。花札の八八は、最初に7枚の札を配るが、7枚のうち、6枚がカスばかりでも1枚だけ光り物がくると「ピカイチ」といって、それだけで手役(てやく)になる。

そこから、平凡な中で一人だけ傑出している魅力や能力などを褒めたり、太鼓判を押したりするようなときに、「ピカイ

チ」というようになった。

つじつまが合わない

道理ではなく裁縫用語から

物事の道理がきちんと合わないことや、筋道が立っていないことを「つじつまが合わない」という。この言葉は、もとは裁縫用語で「辻褄」と書く。

「辻」は、着物のタテヨコの縫い目が十文字に合うところ、「褄」は、着物の裾の左右が合うところをいう。

着物は、辻褄をピタッと合わせることが重要で、そうして仕立てた着物は着崩れせず、姿も美しく見える。

そこから、合うべきところが合っていることを「つじつまが合う」、そうではない場合を「つじつまが合わない」というようになった。

かわいい

語源の「かはゆし」は顔を赤らめること

近頃の女の子は何を見ても「きゃー、カワイー!」という。それが子どもや動物ならまだしも、いい齢（とし）のおじさんだったりすると、どうにも納得がいかない。それはさておき、「かわいい」の語源はどうなっているのか。

平安時代末期に成立した『今昔物語』に、「箭（や）を立てて（児を）殺さむはなほかはゆし」とあり、これが「かわいい」のごく古い例とされている。

「かはゆし」のもとは、「かほはゆし（顔映ゆし）」と考えられ、当時は、良心がとがめて顔が赤らむ、恥ずかしくて顔が向けられない、かわいそう、気の毒という、今とは正反対の意味で使われていた。

それが今のような意味になったのは中世以降のことで、不憫（ふびん）→いとしい→愛らしい→かわいい→カワイー！と、変化していったのである。

かごめかごめ 「かごめ」ってどういう意味なのか？

「♪かごめかごめ　籠の中の鳥は　いついつでやる　夜明けの晩に　つるとかめとつう（す）べった　うしろの正面だあれ～」と歌いながら、鬼の周りをぐるぐる回って、後ろにいる者を当てさせる。誰もがやった遊びの一つである。

さて、歌い出しの「かごめ、かごめ」について。柳田国男によれば、かごめは身を屈めよ、すなわち「しゃがめ」の意味だという。

「かごめ、かごめ」で、しゃがんで目をふさいだ一人を籠の中の鳥に見立てる。かごめは「籠目」と書くが、籠目は籠の編み目、すなわち鳥籠を意味しているからだ。

そして「籠の中の鳥は、いついつでやる」と問いかける。さらに、答えを待たずに「夜明けの晩」などというあり得ないはぐらかしをし、「つるとかめがつう（す）べった」という謎の言葉を続ける。

歌い終わると一斉に皆で座り、「うしろの正面だあれ」と当てさせる。そんな趣向の、児童演技的な遊戯だという。

子どものころは何の疑問ももたずに歌っていたが、改めて見直すと、なるほど謎に満ちた歌詞である。

めでたし

この語に元来、祝う意味はなかった

「おめでとう！」といわれてうれしくない人はいない。しかし「おめでたい奴」といわれれば別である。

祝い事に欠かせない「めでたし」の語は、もともとは「愛でる」と「甚し」が合体した「愛で甚し」が語源で、非常に心惹かれる、愛すべきであるという気持ちを表した。そこから、美しい、優れている、立派だ、見事だと、褒め称えるときに用いられるようになった。

たとえば『竹取物語』に「かぐや姫、みかたちの世に似ずめでたきことを、みかど聞こしめして」とある。これは「かぐや姫の容貌の世に比べようがなくすばらしいことを、帝がお聞き遊ばして」という意味だ。

「めでたし」の原義としては、一説に繊細さを伴う美しさにだけ用いたともいわれるが、中世以降になると、祝うべきことだ、賀すべきだ、縁起がよいなどの意味にも使われるようになった。

サクラ

日本人が大好きな花の語源とは？

サクラは古くから日本人の心の象徴であり、国花（国木）とされているのに、なぜか語源には定説がない。

古くから伝わる説としては、日本神話に登場する、桜のように華やかに咲いて儚く散る絶世の美女「木花咲耶姫」の「サ

クヤ」の転であるという。サクヤは「開(さき)映(は)え」で、栄える意味だという。

大槻文彦博士は別の説を唱える。『大言海』で、サクラは麗(うら)らかに咲くから、咲(さき)麗(うら)の意味だとしている。

また、中村浩博士は「咲く」という言葉に「ら」という字がついて成立したと見る。「ら」とは、ムラ（羣）の略。数あることを示す接尾語で、群がることを示す。すなわち、サクラは「咲羣（サクラ）」が語源で、たくさんの花が群がって咲く意味だという。

お家芸

そもそもは歌舞伎の十八番だった

日本のお家芸といえば、スポーツでは柔道や体操、産業ではものづくりに象徴される製造業といったところだろうか。

「お家芸」は、最も得意とする分野、とっておきの技術や技量といった意味で使われるが、そのルーツは歌舞伎にある。

「お家芸」とは、歌舞伎の各家々の「お家の芸」のことで、その始まりを作ったのは、幕末の7代目市川団十郎である。

市川家のお家芸、荒事(あらごと)を誇るために18演目を選び出し、それに『歌舞伎十八番』の名を当てた。いわゆる「十八番(おはこ)」であり、『鳴神(なるかみ)』『勧進帳(かんじんちょう)』『矢の根』など、極めつきの名作ぞろいである。

以来、各家々で、自らの家系の芸を誇示する演目として「家の芸」を定め、競い合うようになった。たとえば、尾上(おのえ)家なら、『土蜘(つちぐも)』『茨木(いばらき)』などの新古演劇十種、中村雁治郎(がんじろう)なら、『藤十郎の恋』など玩辞楼十二曲が家の芸である。

心　凝る説か、コロコロ説か？

心もとない、心温まる、心憎い、真心、心得など、「心」は人間の考えること為すことすべてに関わる言葉だが、その語源は禽獣などの臓腑の姿を見て、「凝る」あるいは「凝々る」といったことにあるという。

転じてそれが人間の内臓、次に心臓の意味になり、さらに精神の意味に進んだといわれている。

昔から人を呪うときには、ワラ人形の心臓の位置に釘を打ち込む風習があるが、これなども「心」が心臓に宿っていると考えられたことによる。

現在は、脳死を人間の死と認めるようになりつつあるが、それでもなお、心の動きを敏感に映す場所が心臓であることに変わりはない。ドキドキと胸がときめけば、恋をしていることがわかる。

また、人間の心というものは状況によってじつによく変わる。そんなことから、変転する意の「転転」に由来するという説もある。

なお「心」という漢字は、心臓を象った象形文字。どことなくコロコロと転がりそうな字形だ。

千秋楽　そもそもは雅楽曲の題名だったが…

大相撲や芝居でおなじみの「千秋楽」。千秋とは長い年月を表し、千秋楽は「幾久しく寿ぐ」という意味である。

この言葉は、じつは雅楽曲に由来するという。雅楽では最後に『千秋楽』という曲を取り上げることが多かったため、のちに興行最終日を指して使われるようになった。

また、法会で最後に「千秋楽」を奏したところから、めでたいことの終わりを意味する言葉として、相撲や歌舞伎などの最終日のことも「千秋楽」と呼ぶようになった。

三拍子揃う

三つの拍子とは何と何と何?

2022年現在、走・攻・守三拍子そろった野球選手といえば、カブスの鈴木誠也か、ヤクルトの山田哲人か。

「三拍子」とは、必要な条件三つを兼ね備えた状態をいうが、もとは芸能から生まれた言葉である。

能では小鼓、大鼓、太鼓、笛で囃すのを四拍子といい、曲によって太鼓を欠く場合を「三拍子」といった。その三拍子がピタリと揃うことで調和がとれることから、三つの大切な条件が整っていることを「三拍子揃う」というようになった。

また、江戸時代の国語辞典『倭訓栞』には、「鞠を蹴る足ぶみに三拍子あり」の記載が見られ、蹴鞠の用語としても用いられていた様子がうかがえる。

「三拍子揃う」は当初、よい条件のみに用いられたが、のちに飲む・打つ・買う（飲酒、博打、女郎買い）など悪い条件の場合にも用いられるようになった。

ツバキ　花の形が唇に似ているから、という説も

ツバキは、万葉時代の文献に名が見えるほど、日本人に長く愛されてきた花。

漢字では「椿」と書くが、これは日本で独自に作られた国字で、すでに飛鳥時代に使われた。木偏に春としたのは、当時の日本人の発想である。冬が終わり、春の兆しの中で咲く花だから、飛鳥時代の人々も、ツバキを「春の花の代表」と認めていたのだろう。

花名の由来は、①葉が丈夫なことから「強葉木」、②葉が厚いから「厚葉木」、③光沢のある葉から「艶葉木」、④朝鮮語の「つんばく(Ton balk)」などの主要説があるが、ほかに、⑤九州北部の方言「唇」に「木」、つまり花の形が唇に似ていることからこの名がついたという説もある。

風呂敷　風呂で使ったからってホント?

最近は持ち歩く人を街中で見かけることは少なくなったが、「風呂敷」はずいぶん昔から使われていたようだ。奈良時代の正倉院御物の中にも見られるし、平安時代には風呂敷包みを運ぶ人の絵が描かれている。

ただし、当時はまだ風呂敷という言葉はなく、「ころもつつみ」「平包み」と呼ばれた。

「風呂敷」が文献に登場するのは、徳川家康の形見分けを記した『駿府御分物御道具帳』が最初である。風呂敷と呼ばれ

るようになった理由は、風呂場で衣類を他人のものと区別するために包んだから、という説が有力だ。

　実際、室町時代から江戸初期にかけて、公衆浴場では浴衣を着て蒸し風呂に入り、脱いだ服は風呂敷に包んでいたし、濡れた浴衣も包んで持ち帰っていた。

　江戸中期には、浴衣を着て入る習慣がなくなり、また、脱衣カゴや棚ができたことで、風呂場で風呂敷を使うことはなくなった。それでも、呼び名だけは今日まで残って命脈を保っているのである。

かまくら

神奈川県の鎌倉と関係はある？

　都会育ちの子どもが一度は憧れる「かまくら」。雪作りの家の中で餅を焼いたり、甘酒を飲んだりするのは子どもでなくても楽しそうだが、その「かまくら」の語源は諸説ある。

　①「竈」の形に似ているから、②神様がおいでになる御座所「神座」からの転訛、③後三年の役の際、16歳で勇敢に戦った鎌倉五郎景政を祭ったから、④鎌倉大明神を祭ったから、など。

　神奈川県の鎌倉とは、直接の関係はないようだ。

板前

前の板とは、やはりまな板のこと？

「板前」と聞くと、「♪包丁一本さらしに巻いて　旅に出るのも板場の修業～」と、口ずさむ人もいるだろう。

　それはともかく、ここに出てくる「板

場」とは、いうまでもなく調理場のこと。そこには必ず「まな板」があり、料理人はその「まな板」の「前」で仕事をする。ここから料理人のことを「板前」というようになったのである。

一口に板前といっても、各人に役職がある。調理場を取り仕切るのは「花板」、または「板長」と呼ばれる料理長。次に偉いのが「次板（つぎいた）」で「脇板」とも呼ばれる。ほかに「椀方」や「煮方」があって、ここまでを「板前」と呼んでいる。

そして「焼方」や「揚場（あげば）」、「追い回し」が、見習い中ということになる。

9章

意外な由来に目からウロコの語源

うさんくさい――怪しいことをなぜこういう？

何だか怪しいという意味の「うさんくさい」。漢字では「胡散臭い」と書く。

この言葉は、中国語の「胡散」と日本語の「臭い」から成り立っている。「胡散」の「胡」はうわべをぼやかす、いい加減な、筋の通らないなどの意味があり、「胡乱（うろん）＝怪しく疑わしい」という熟語にも使われている。

目から鱗（うろこ）が落ちる――なんと、聖書の言葉だった！

あるきっかけで急に視野が開け、物事の実態が理解できたり、新しい道が見いだせたりすることがある。そんなとき、人は「目から鱗が落ちた」という。

この言葉の由来は、新約聖書にある。「使徒行伝」（第9章第18節）にこうある。「忽（たちま）ち彼の眼より鱗の如きもの落ちて再び見ることを得」（するとたちどころに、サウロの目から、うろこのようなものが落ちて、元通り見えるようになった）。

かいつまんでいえば、強い光で3日間視力を失ったサウロが、キリストの奇跡によって再び視力を取り戻すといった内容だ。

ここでいう鱗とは、真実を見ることを妨（さまた）げる障害物を指す。その鱗が目から落ちるとは、神の導きによって誤りを悟り、迷いから目覚めることを意味する。

この聖書の一節がキリスト教徒以外にも伝わり、現在のような「新発見」「なるほど納得！」という意味になった。

焼きが回る――強く焼きすぎてなまくらになることから

中年を過ぎた人が、ため息をつきながら「俺も焼きが回ったなあ」と嘆く場面に遭遇したことはないだろうか。

「焼き」とは鍛冶（かじ）から来ている言葉で、刀の刃を鍛えるために熱すること。刀を焼いてハンマーで強く打ちつけることで硬く丈夫になり、切れ味が鋭くなる。

とはいえ、このとき火加減を間違えて強く焼きすぎると、かえって切れ味が鈍（にぶ）ってしまう。そこから、年をとって頭の働きや腕前が衰え、かつて得意だったことがうまくできなくなることを「焼きが回った」というようになったのだ。

浅ましい――本来は「びっくりした」の意味だが…

「浅ましい」は、もとは善いときにも悪いときにも使った。

平安時代の古語「浅む」が語源で、『源氏物語』に「かかる人も世に出でおはするものなりけりと、あさましきまで目を驚かし給ふ」とあるように、「意外なことに驚き呆（あき）れる（びっくりした）」という意味で使われていたのだ。

「意外なこと」から、「死ぬ」という意味にも使われ、たとえば『増鏡（ますかがみ）』には「院

の御悩み重くならせ給ひて、八月六日、いとあさましうならせ給ひぬ」とある。

現在の用法は、情けない、嘆かわしい、見苦しい、いやしい、さもしいなど、驚きに加えて、人を蔑む意味もある。

めし――ご飯の俗称だが、もとは高貴な言葉だった

「めし」の語源は、平城京時代、貴族の召使いたちが、主人の食べる白米食を「召物」と呼んだところにある。

召物とは、飲食、着物、履物などの尊敬語だが、現在も飲食に際し、相手を敬う意味で「どうぞお召し上がりください」などと使われたりする。

このように「召物」はかつて白米食のことを指したが、「めし」と呼ぶようになって以降、より広い意味をもつようになった。たとえば「めしの食い上げだ」といえば、収入が途絶え、生活手段を失うことを意味する。

おせっかい――すり鉢を掻く「へら」が語源

おせっかいの「せっかい」は、ふつう「節介」と表記されるが、本来は狭匙の転じた「切匙」と書くのが正しい。切匙とは、すり鉢の内側に付着したものをかき落とす木製の台所道具の一種だ。

たとえば、すり鉢で胡麻を擂ると、内側の溝に擂った胡麻がこびりつくが、そういうときに昔の人は、切匙を使ってこしごしとこそげ落としたのである。

この切匙は、飯杓子を縦に半分に切っ

たようなへらの形をしていた。

すり鉢で擂ったあとにゴシゴシともう一仕事をしなければならないことから「余計なお世話」、あるいは、切匙を溝のような細かいところに入り込ませることから、「(他人のことに)立ち入る」の意味になったと考えられている。

しけ――不漁になり「しけた面」になった!

「なんだよ、しけた面しやがって」「ちっ、サービス悪いな。しけた店だぜ」。

こんなふうに使われる「しけた」の動詞形は「しける」。本来は「湿気る」の意味だが、漢字で「時化る」と表記することが多い。

「時化る」は暴風雨で海が荒れること。海が荒れれば出港できず「不漁」になる。ここから、商売がうまくいかない、客の入りが悪い、金回りが悪いなどの意味に転化し、さらにそこから、陰気である、パッとしないなどの意味になった。

セーター――フットボール選手が着たスポーツウェアに由来

われわれが防寒用に着ているセーター。その語源が、スポーツウェアに由来しているのはご存じだろうか。

セーターは英語で「sweater」と綴り、直訳すれば「汗をかかせるもの」という意味。19世紀末に、アメリカのアイビーリーグのフットボールの選手たちが、汗を吸収しやすいというので、毛糸のジャケットをユニホームとして着始めたのがセーターの起源なのだ。

したがって、同じ英語でも、アメリカではセーターを「sweater」といい、イギリスでは「jersey（ジャージー）」という。

見合い——女性に拒否権はなかったって?!

現在は全体の5％にすぎないが、戦前は7割近くを占めていた見合い結婚。いつごろから始まり、どんな様子だったのだろうか。

見合い結婚は鎌倉時代に始まったとされるが、江戸時代には一般化し、下級武士や町人、庶民の間では見合いによる結婚が広まっていった。そんな見合いの語源は「目と目を合わす」「妻合わす」の意味をもつ「目合」で、その形式は今とはかなり異なっていたらしい。

まず仲人が、両家の釣り合いなどを考えて話を進める。家同士の話がほぼまとまったところで、仲人が男を伴い、女の家に行く。その家で女はお茶を出す。

男のほうはそれを見て「よし」と思えば、出されたお茶を飲む。あるいは扇子や持ち物を置いてくる。それがいわゆる「妻合わす」の仕組みだった。

とはいえ、お茶を飲むかどうかで男の意思は尊重されたが、女性のほうの気持ちはまったく無視された。今に通じる男女格差ではある。

圧巻——「巻」は最も優秀な答案のこと

「スカイツリーからの東京の眺めは圧巻だ」などというときの「圧巻」。中国故事から生まれた言葉である。

古代の中国では、官吏(かんり)登用試験(科挙)の発表のとき、「巻」と呼ばれるすべての答案用紙の中から最優秀のものを選び出し、これを一番上に載せた。

それがほかの巻を圧するような形に見えたことから、書物の中の最も優れた部分、ほかを圧倒するほど優れた詩文を「圧巻」というようになった。

今では、書物に限らず、すべての物事において、人を感動させる優れた場面や対象にも「圧巻」が使われている。

トマト——その語源はメキシコ語にあり

トマトは今や、食卓に欠かせない。その原産地は南米だが、雑草の一種だった原種トマトが、メキシコで「栽培トマト」に改良されたという。トマトの名もメキシコ語の「トマトル」が語源である。

わが国へは江戸時代、ポルトガル人によってもたらされたが、もっぱら観賞用だった。

トマトを食べるようになったのは明治以降のこと。横浜などに住む外国人が食用にしたのを契機に洋食への関心が高まり、徐々に広まっていった。しかし、明治末ごろの一般の人にとって、トマトの味はなじみにくいものだった。

トマトの消費量が飛躍的に伸びたのは昭和に入ってからである。

別嬪（べっぴん）――もとは「別品」といって優れた男女を表した

たいへんな美人を表す「べっぴん」、漢字では「別嬪」となる。明治10（1877）年くらいに生まれた流行語だという。

別嬪は、もとは「別品」といった。別品とは「特別によい品（逸品）」のこと。最初は品物だけを指したが、のちに優れた人物（男女）→容姿の優れた女性と、意味が変化していった。

またこれに伴い、「品」の字を中国語で「高貴な女性」を意味する「嬪」に替え、美人を「別嬪」と呼ぶようになった。

もともとは名古屋で生まれた言葉で、それが京阪に広まり、やがて東京でも流行するようになったという。

尾籠（びろう）――シモの話をする前の常套句だが…

「尾籠な話で恐縮ですが」というとき、後に続くのはたいていトイレや下ネタに関するものだ。「尾籠」には、口にするのもはばかられるという意味がある。

一方、「おこがましい話ですが」も前置きして話す際に用いる常套句（じょうとうく）だ。この「おこがましい」は、「身のほど知らず」「思い上がった」などの意味をもち、前置きに使う場合は「出過ぎた真似をしてごめんなさい」といったニュアンスを含む。要するに、相手の立場が自分より上であることをそれとなく示すわけだ。

おこがましいの「おこ」は漢字で「烏滸」と書くが、「痴」や「尾籠」の字を当てることもある。これらの字の共通点は「馬鹿馬鹿しい」「おろかな」という意味をもつこと。一見、何の関係もないようで、ルーツが同じ兄弟関係にあったのだ。「尾籠」という字が使われだすのは鎌倉時代で、このとき「おこ」は和製漢語として「びろう」と音読された。

斟酌（しんしゃく）——酒を酌み交わせば心情も汲み取れる？

寝坊で遅れた場合はダメだが、電車事故による遅刻は「斟酌」される。この斟酌とは、相手の事情や心情をほどよく汲み取って対処すること。

漢字を見れば想像がつくと思うが、この言葉は酒との関わりが深い。柄杓（ひしゃく）で量りながら汲み取る、酒をつぐ、酒を酌（く）み交わす。「斟酌」には本来、そんな意味がある。

杯を重ね、酒を酌み交わしていくうちに、スタート時の緊張やぎこちなさもほぐれ、なごやかな雰囲気に包まれる。その段になれば、胸襟を開いて相手の気持ちを受け入れる寛容な心が生まれるというわけだ。

しきたり——みんなが従う理由も語源を知ればわかる

家庭や職場、近所の寄り合いでも、人間には「しきたり」がついて回る。この「しきたり」を別の言葉に置き換えると、「慣例」「慣習」になるが、なぜこうしたことを「しきたり」というのか？

　これは言葉を分解すればすぐわかる。しきたりの「し」は「する」の連用形、「きたり」は「来る」の過去形。漢字を当てると「仕来たり」や「為来たり」となり、「これまでみんながしてきたこと」という意味になる。

　先例がどうの、流儀がどうのと面倒くさい面はあるが、しきたりさえ守っていれば、人間関係もスムーズにいくことが多い。メリットに目を向ければ、そんなに悪いものではない。

笑止千万——めったにない吉事・凶事のことだった

「借りたカネを返さないうちに、また無心にくるなんて。笑止千万だな」

　笑いが止まらない、馬鹿馬鹿しい、冗談もほどほどに。そんな意味をもつ「笑止」。これに「千万」がつくと「はなはだしさ」が強調される。

　さて、仮に誰かの訃報(ふほう)に接して「笑止千万」などといったら、とんでもないやつだと睨(にら)まれるだろう。しかし、これを知ったふうな顔で叱り飛ばすほうが、本来の意味からすれば間違っているのだ。

　「笑止」の語源は「勝事(しょうし)」という古い言葉にある。勝事は、もとは、めったにない素晴らしいもの（こと）という意味で使われたが、異変、大事件、悲しむべき変事なども表すようになった。

　だから人の死について「笑止千万」というのは、必ずしも失礼ではない。実際、「笑止」には「気の毒に思う」という意味もある。

とはいえ現実には、不謹慎と見られないよう場をわきまえて使いたい。

大向こう——いったいどんな人のこと？

芝居や大相撲で「大向こうをうならせる」という表現を聞くことがあるが、この「大向こう」とは、いったい何か。

「大向こう」は、昔の芝居小屋の見物席のこと。正面の向こうのずっと奥にあり、しかも立ち見席である。仮に観客席をA、B、C、Dの等級にランクづけするなら、いちばん安いD席に相当する。舞台から遠く離れているため、当然ながら演技は見えにくい。

ところが、そんな席であえて観るというだけあって、この席に陣取る客の中にはけっこうな芝居通がいた。そして、この玄人（くろうと）はだしの客をうならせられるかどうかが、役者としての力量をはかるバロメーターになったのである。

単に観衆を感服させるといわず、「大向こうをうならせる」というところが、この表現のミソである。

やたら——「矢鱈」と書くが、矢も鱈も関係なし

「やたら」は、むやみに、やみくもに、という意味。今なら「めちゃくちゃ」といったほうがわかりやすいだろうか。

「やたら」は漢字で「矢鱈」と書くので、矢と鱈が語源に関与しているようにも思えるが、これは当て字である。

じつは「やたら」は、雅楽で使われるリズムの一種である。「夜多羅拍子（やたらびょうし）」という名の一風変わったリズムで、テンポが速いだけでなく、二拍子と三拍子の混合リズムという複雑な音楽形式を特徴としている。

それだけに聴く人には「無秩序でめちゃくちゃな」印象を与える。ここから、今日の意味が生まれたのである。

なお、夜多羅拍子は、雅楽の専門家の中でも一部の特殊な人たちだけに秘伝のように伝えられ、ほかの人はむやみやたらと演奏できないという。

あいづちを打つ――最初に打ったのは鍛冶屋さん

人の話を聞くときは「はあ、なるほど」「そうですか、それで……」などと、相手の発言に適宜リアクションするものだ。

もし、むっつりと無言でいれば「ちゃんと聞いているのか」と思わせてしまう。その意味で「あいづちを打つ」ことは大切である。

「あいづち」は「相槌」と書く。「槌（つち）」はモノを打ち叩く金槌のことで、この言葉は鍛冶屋に語源がある。

鍛冶屋で刀を鍛えるとき、師と弟子は向き合ってかわりばんこに槌を打った。

ツーといえばカーと返すように、相手の槌音を聞けば、それに呼吸を合わせて打ち返す。その絶妙なタイミングから、人の話に調子を合わせ、テンポよく応答することを「相槌を打つ」というようになったのである。

行きがけの駄賃——帰りに儲けてもこういう？

「行きがけの駄賃」という言葉を聞いたことがあるだろうか。事のついでにもう一つほかの事をするという意味で、要は「もうひと儲けする」ということだ。

しかし、なぜ「行きがけ」なのか？これは「駄賃」という言葉の語源に関係している。

駄賃の「駄」という字は、馬が背中に荷物を背負った形からきている。駄賃は昔、今の運送業者に当たる馬子が馬で荷物を運んだときの謝礼で、のちに子どものおつかいに対するごほうび（お駄賃）の意味でも使われるようになった。

さて、馬子も知恵をはたらかせ、問屋などに荷物を受け取りにいく際には、「どうせなら空の馬に別口の荷物を載せ、その駄賃も稼いだほうが無駄がない」と気づき、「行き」にも馬に荷重負担を強いた。

馬にとっては迷惑千万な話だが、こんなわけで「帰りがけの駄賃」ではなく「行きがけの駄賃」になるのである。

割烹（かっぽう）——肉などを切ったり煮たりすることだった

割烹といえば高級日本料理店というイメージ。少なくとも、しがないサラリーマンが気安く入れるところではない。

だが、この「割烹」が料理店を指すようになったのは最近のことで、もとは食べ物を調理するという意味だった。

割烹の「割」は肉などを切り裂くこと、また「烹」は火を入れて煮炊きすることである。つまり、どちらも調理に関わる言葉で、だからこそ台所仕事をするときにつけるエプロンを「割烹着」というのである。

その割烹も、今は割烹料理店の略称として使われている。

きんつば——思わずツバを飲むほどおいしいから?

「きんつば」というお菓子がある。小麦粉を水でこねて薄くのばし、あずきを包んで丸く平たくして鉄板で焼いたものだ。

おいしそうで、ツバを呑み込みそうだから「きんつば」……ではない。このツバは刀の鍔(つば)を表す。その形が丸く、刀の鍔のようだからと名づけられた。

そもそもは銀鍔焼きというものがあり、これは小麦粉ではなくうるち米の粉を練ったものを使った。江戸時代前期に京都で売られたもので、こちらが元祖だ。

これをまねして、銀より金のほうが縁起がいいとしたのが金鍔焼きで、江戸時代後期に人気があったという。

もったいない——「もったいぶる」との深い関係とは?

日本発の「もったいない」という言葉。これに漢字を当てると「勿体ない」となる。「勿体」とは物事の本体、物のあるべき姿を意味する。したがって、それがない「勿体ない」という状態は、本来の姿ではない→本来の価値が十分に生かし切れていない状態を指す。

「もったいをつける」「もったいぶる」も勿体からなる言葉で、物事の本体や本性を「自分はもっているのだぞ」と尊大ぶることから、いかにも重々しく振る舞う、必要以上に気取るという意味になった。

犬——魔除けに由来する名だったが…

今でこそ、防犯対策はセキュリティー会社に任せる家が増えたが、少し前までは番犬がその役割を担っていた。犬のおかげで家は安全に保たれたのである。

その習性からか、犬は昔から魔除けとされた。幼児のそばに犬張り子や、犬箱などのお守りを置いたりするのもそうした風習の一つで、「いぬ」という名称自体、「もののけがいぬる＝立ち去る」という意味からつけられたという。

このように、犬は魔除けに役立つありがたい動物であり、忠犬ハチ公に象徴されるように、人に忠実な動物でもある。

それなのに、「権力者の犬」や「犬死に」など、なぜか犬はあまりよい言葉に使われていない。こと自分に関しては、魔除けが効かないようである。

褒美——もとは金品のことではなかった

努力して目標を達成した人や苦難を乗り越えた人を褒(ほ)めたり、ねぎらったりする意味で与えるのが「褒美」である。

本来、「褒美」には、金品などを与える意味はなく、もっぱら「褒める」ことだけを指した。ところが、世の中には現金な人が多いので、単に言葉で褒めただけでは満足してもらえなかった。

そこで、褒める気持ちを金品などに置き換え、「ご褒美」として与えるようになったのである。

長者――金持ちのことをなぜこういう？

2004年を最後に廃止されたが、毎年発表される「長者番付」は春の風物詩だった。このように長者といえば金持ちの意味で使われているが、その語源は中国にあり、もとは、単に年長の人、年寄り、徳の高い人のことを指していた。

日本も同様で、最初は金持ちを意味する言葉ではなかった。弘仁14（823）年、嵯峨天皇は、空海を京都にある東寺の「東寺長者」に命じる。これが長者の始まりとされるが、この長者は上首（最上位の者）という意味で、金持ちの意味ではなかったのだ。

たくわん――沢庵和尚に由来する三つの語源説

ポリポリと歯切れのよい「たくわん」の語源には三つの説がある。

第一は、安土桃山～江戸時代前期に活躍した沢庵和尚が初めて漬けたという説。発明者の名前が物の名称になるケースはよくあるため、説得力はある。

第二は、沢庵を漬ける漬物石が沢庵和尚の墓石に似ているからという説。だがこの理屈でいえば、漬物はみんな「沢庵」になってしまいそうだ。

いずれも沢庵和尚に関わる語源説だが、実際は、沢庵漬けは沢庵和尚が生まれる前から存在していたものらしい。そこで、「蓄え漬け」と呼んでいたものが転訛(てんか)して「沢庵漬け」になったとするのが第三の説である。

これは、もっともらしい。「沢庵」は「たくあん」とも「たくわん」とも発音する。「蓄え漬け」が訛(なま)ったものだとすると、後者のような発音も成り立つ。

きっと沢庵和尚は蓄え漬けが大好きだったのだろう。こう考えると、沢庵の語源はすっきりする。

サンマ——「秋刀魚」と書くのは刀に似た魚だから?

最近は不漁続きで食卓に上らなくなったサンマ。その語源は諸説あるが、最もよく知られているのは、細長く銀色に光る日本刀の刀身になぞらえたもの。そのため「秋刀魚」「秋光魚」と書くこともある。

また、「狭真魚(さまな)」に由来するという説もある。「狭」は細長いという意味で、文字通りこの魚の細長い姿形からきている。ただし、同じような姿形のサワラやサヨリにもこの漢字が当てられる。

夏目漱石は『吾輩は猫である』の中で「三馬」という字を使っている。文豪が使うぐらいだから何か根拠がありそうだが、さにあらず。まったくの当て字だそうだ。

かまぼこ――竹輪とルーツがまったく同じだって?!

かまぼこといえば、杉板の上に載ったものというイメージだが、昔は細い竹の周りにぐるりと魚のすり身を塗りつけて焼いた、今の竹輪のようなものだった。

これが、鉾（ほこ）に似た「蒲（がま）の穂」にそっくりというので、蒲鉾と命名されたのだ。

享保年間（1716～36）に著された『調味抄』には次のような記載がある。

「かまぼこ、竹に巻く形を名とせり。近代、杉板よし」

このころから、蒲鉾と竹輪は命運を分けることになったようだ。蒲鉾は形を変えて名をとどめ、竹輪は形をとどめて名を変えた。蒲鉾と竹輪は、かつてはまったく同じものだったのだ。

カレンダー――古代ローマで使われた「カレンダリウム」から

カレンダーは暦（こよみ）を英訳したものだが、もとはラテン語である。古代ローマで計算簿、金銭出納（すいとう）帳のことを「カレンダリウム（calendarium）」といった。

というのも、ローマでは毎月の最初の日、つまり「ついたち」を「カレンダエ（calendae）」といい、この日に前月の収支を計算していたからだ。このカレンダエの記録が、カレンダリウムだったというわけだ。

そのうちに、お金以外の覚え書きや日記も指すようになり、過去の記録だけでなく、未来の予定表＝暦もカレンダリウムと呼ぶようになったようだ。

ゴキブリ——食器に群がる虫だからこの名に

昔、椀などの食器のことを「御器（ごき）」といった。その御器に残飯があったかどうかはわからないが、虫たちがゾロゾロと群がった。

その様子があたかも御器をかぶる（齧る）ようにも、御器をかぶる（被る）ようにも見えたのだろう。この虫のことを「ゴキカブリ」と呼ぶようになった。

ところが、明治時代に日本初の生物用語集が発行された際、「ゴキカブリ」と振っていたルビが、一字脱落して「ゴキブリ」と誤植されてしまった。この本は初版しか発行されず、誤植も訂正されなかったため、ほかの教科書や図鑑にも誤ったまま引き継がれた。

そうして「ゴキブリ」という名で定着し、今に至っているのである。

薬石効なく——薬はわかるが「石」とはこれいかに？

長期間闘病していた知人の親族から訃報が届くことがある。その文面に「薬石効なく」の文句が含まれていることがある。しかし、なぜ「石」なのか？

この「石」は、じつは鍼灸（しんきゅう）治療で使う鍼のことだ。昔から中国では鍼治療が行われていたが、その中に石で作った「石鍼」を使うことがあった。

つまり、「薬石」とは薬と石鍼を使って治療することを表す。したがって、「薬石効なく」は、あらゆる手を尽くして治療したが、その効果がなかったという意味になるわけだ。

疑獄――判決の出しにくい事件のことだった

ロッキード事件（1976年）などによって「疑獄」は、政治にからむ大規模な贈収賄事件のことと理解されているが、もとは有罪か無罪か、いずれとも決しがたい難解な裁判事件のことをいった。

つまり、獄に入れるには少し疑わしい灰色の事件ということである。

政治がらみの事件は、えてして人目を避けて行われるだけに、明白な証拠を揃えられない。そこで、現代では「疑わしきは罰せず」で無罪を言い渡されるケースが多い。

疑獄の出典は、中国前漢の思想家・賈誼の『新書』で「梁かつて疑獄あり、半ば以て罪に当たると為す、半ば以て当たらずと為す」からきている。

伊達眼鏡――なぜ素通しの眼鏡をこういうのか？

俗に「男は眼鏡をかけると三分オトコが上がる」という。この甘言に乗せられたわけでもあるまいが、目が良いのにかける素通しの眼鏡を「伊達眼鏡」という。

ただし、この言葉は誤解を受けることが多い。問題は意味ではなく、その表記にある。昔、伊達政宗（あるいはその部下）が派手な格好をしていたことから「伊達」と表記されるが、これは単なる当て字で間違いなのだ。

本当は「目立たせる」の「目立て」、つまり「立て」が語源である。したがって、伊達眼鏡は本来は「立て眼鏡」が正しいということになる。

鷲（わし）──獲物をとるときの体勢が語源となった

タカ目タカ科に属する鳥のうち、一般に体の小さいものを鷹（たか）といい、大きいものを「鷲」と呼ぶ。鷲は鳥類の中で最も勇猛な鳥とされ、鷲に睨まれたら最後、地上の小動物も身がすくんで動けなくなってしまう。

鷲は獲物を発見すると、輪を描きながら悠々とその上空を飛翔する。そうして捕獲の機会を狙い、ここぞというときに急降下、鋭い爪でしっかと捕獲する。このことから鷲は「輪過ぎ（わすぎ）」と呼ばれ、のちに「ワス」→「ワシ」へと転訛した。

また、鷲は輪を為して飛ぶことから、「輪を為す」を「輪志」の意味に捉えて「ワシ」になったともいわれている。

いずれにしても、飛び方から命名されたという点で両者の説は一致している。

鷹（たか）──その語源は猛き鳥か、高く飛ぶ鳥か？

鷲よりやや体格が劣るものの、鷹もま

た勇猛な鳥である。

鷹は、縄文時代には人間の食料としての扱いだったが、仁徳天皇のころ（5世紀前半）からその狩猟能力を買われ、鷹狩に利用されるようになった。明治以降は皇室に継承され、現在も狩場で鴨の捕獲が行われている。

このように、鷹は古くから人間にとって身近な存在だったといえるが、名前の由来はどうなっているのか。有力とされている説が二つある。

一つは「猛き鳥」の意味から「タケ」となり、転じて「タカ」となったという説。もう一つは、高く飛び上がる「高つ鳥」に由来するという説である。

ただ、鳥とは高く飛ぶもの。ことさら命名に生かすほどの習性とは思えない。はて、読者はどう考えるだろうか。

キリギリス――じつはコオロギの古名だった！

田舎住まいなら虫にくわしいかといえば、そんなことはない。コオロギとキリギリスを間違える人もいる。

これは、方言と標準語がねじれ現象を起こしているためだ。

たとえば、秋田県や岩手県ではキリギリスをコオロギといい、コオロギのことをキリギリスと呼ぶ。ややこしい話だが、地方によってはこのように名前が入れ替わっていることも多いのだ。

辞書を引いても、キリギリスを「蟋蟀」と書いてあるので妙な気分になる。これは、キリギリスがコオロギの古名だったことによる。コオロギの名は、キリギリスの鳴く声が、船の櫓を漕ぐときのギリギリという音に似ていたからだ。

あかん――よく聞く関西弁の語源とは？

関西人の口癖に「あかん」がある。だめだ、できない、よくないという意味だが、この語の語源は「埒明かぬ」である。

「埒」とは馬場の周りをぐるりと囲った柵のことをいい、そこから転じて、物事の区切りの意味で使う。「埒が明く」といえば、物事がはかどることや片づくことを意味する。

「あかん」の語源の「埒明かぬ」はその逆だから、物事が成就せず、だめだということになる。

「あかん」と却下されたら、埒が明くような作戦を練る必要があるだろう。

図に乗る――最初に「乗った」のはお坊さんだった！

「なんだあいつ、図に乗りやがって」とはよく聞く悪口だが、図とは何だろうか？じつはお坊さんにとっては、これができたら一人前になった証拠なのだ。

「図に乗る」は、仏教音楽の声明からきた言葉である。声明は、仏の徳を称える声楽で、儀式や法要のときに曲調に乗せて経文を唱詠する。これを古典の調子通りにうたうのは非常にむずかしい。

そのため、調子が変わるところには、印がついている。これが「図」で、お坊さんたちは図表を見ながら練習に励む。

そして、やっと図表の転調通りにうまくうたえると、「図に乗った」といって喜んだという。

日頃は静かなお坊さんが、このときばかりはえらく浮ついて、得意げにも見えたのだろう。「図」の何たるかを知らぬ人々の間で、調子づく意味に使われ、それが徐々に定着していったようだ。

むちゃくちゃ――来客にお茶一杯出さないこと？

物事の筋道も道理もないことや、心にまかせてすることを「むちゃくちゃ」という。漢字にすると「無茶苦茶」。

改めてよく眺めると、「茶が無い」と「苦い茶」の組み合わせ。何とも妙だが、じつはこれは当て字なのだ。

もともとは「むちゃ」のみで、「くちゃ」は「むちゃ」を強調するために語呂合わせでつけた意味のない語である。

「むちゃ」のもとの語は仏教の「無作」で、人の手の加わっていない自然のままの状態を表す。簡単にいえば、何もしないということだ。

つまり、来客があってもお茶一杯出さないような態度が無作である。こんな客あしらいをするようでは、物事の道理もあったものではない。ここから「むちゃくちゃ」というようになったのだ。

しゃちこばる――緊張してこわばることをこういうわけ

緊張して体がコチコチにこわばることを「しゃちこばる（鯱張る）」という。この鯱（しゃち）は、実在のシャチという魚とは無関係で、想像上の海魚。頭は虎に似て、背には鋭いトゲがある。

鯱はまた一字で「しゃちほこ」とも読み（2字のときは鯱鉾の字を当てる）、この場合は、城の天守閣の飾り瓦のことを指す。城の上でしっぽをピンと高く反らせているのを見たことがあるだろう。

その姿は、威張っているようにも見え、さらには逆立ちしているようにも見え、緊張して固まっているようにも見える。そしてこのことが、そのまま「しゃちこばる」の意味につながっている。

狼――口の大きな神、すなわち大神だった！

『三匹の子豚』『赤ずきん』など西洋の童話で悪者扱いされるオオカミ。だが、古代の日本では神格化され、「大神」と呼ばれた。そしてこれが「オオカミ」の語源とされている。

オオカミは口が大きいことから「大口真神（おおぐちまかみ）」とも呼ばれた。『赤ずきん』をはじめ、オオカミの口は耳の下から裂けているといわれるが、これは事実ではなく、毛並みのせいでそう見えているだけのようだ。

山中で人のあとをついてくる「送り狼」は日本各地に伝説が残っており、それらは二種類に分けられる。一つは群狼から旅人を守ってくれる

優しい狼。もう一つは、夜道を転ばずに歩けば害を加えないが、転ぶと襲ってくる怖い狼である。

今も、女性を送ると見せかけて乱暴を働く危険な男がいるが、これなどは後者の典型例。親切を装って近づいてきても、真（ま）に受けるなという戒めになっている。

ちょろまかす——「ちょろ」は小舟のことだったって?!

人の目をかすめて盗むことを「ちょろまかす」という。

「ちょろ」は、昔、港内だけで使った小舟のことで、船脚が速いのが特長だった。大船の行きかう間を縫って走ることができたため、すばやく小回りのきく舟という意味で「ちょろ」と呼ばれた。

「ちょろまかす」の意味については、①すばやい舟の「ちょろ」を負かすほどすばやい行動であることから「ちょろ負かす」。②すばやい舟といっても小舟なので、ほかの舟からすれば、「ちょろは誰でも負かすことができる」。

どちらの説も「負かす」に掛けているが、意味は異なる。

後者は甘く見る意味が転化して、今の「ごまかす」や「盗みをはたらく」につながったのではないかと考えられている。

笛吹けども踊らず——キリストの嘆きが語源だった

いろいろとお膳立てをして万全の準備を整えた。それなのに、周りがちっとも乗ってこないときに「笛吹けども踊らず」

という。

　これならわかってもらえるはずと信じて人に勧めても、耳を傾けようとする者がいないのは無念の極みだ。この言葉は、イエスがため息まじりにいったもので、聖書の『マタイ伝』に出ている。

「われ今の世を何に比えん。童子、市場に坐し、友を呼びて、『われ汝のために笛吹きたれど、汝ら踊らず。嘆きたれど、汝ら胸うたざりき』というに似たり」

　イエスは、使徒ヨハネを高く買っていた。ヨハネは優れた預言者だから「耳あるものは聞くべし」とイエスは説いたが、人々はヨハネの言説（げんせつ）に耳を傾けようとしない。

　神を信じる者が少なかったのをイエスは嘆いたのである。

あわよくば——この「あわ」は泡でも粟でもない！

「あわよくば、給料が上がるかも」など、ひょっとして、うまくいけばとの思いを込めて使うのが「あわよくば」だ。

「あわ」から、濡れ手で粟の「粟」を連想するかもしれないが、まったくの無関係。このあわは「間（あわい）」のことだ。

「あわよくば」の語源は古語の「あわいがよくば」で、今の言い方に直すと「あわいがよければ」となる。間がよければ、都合がよければという意味だ。

「あわよくば」は、「間」からもわかるように、もともと時間的な意味合いで使われていた。

　しかし、現在はむしろ運やチャンスの

ニュアンスが強まり、「運がよければ」「チャンスがあれば」の意味で用いられることが多くなった。

横紙破り——和紙の性質を知ればわかる

無理を押し通すことや、そのような性格を「横紙破り」という。その語源は、意外や和紙の性質にあった。

和紙は、コウゾやミツマタなどの植物繊維を材料にして作る。タテに漉き目があるため、タテに引き裂くことはできても、横には破れにくい。「横紙を破る」は、それを「しいて破る」＝「無理をする」という意味になったのだ。

この言葉が使われ始めたのは、鎌倉中期ごろらしい。

『源平盛衰期』に「入道の横紙破り給をも」とあり、また『平家物語』にも「入道相国の、さしも横紙を破られつるも」とある。平清盛の専横ぶりはよっぽどのことだったに違いない。

「横紙破り」は、権力者が、その力を試したり、誇示したりするために行使することが多いようだ。

テラ銭——お寺と博打の深〜い関係とは？

マンションの一室などでこっそり開帳された暴力団がらみの博打が摘発されると、ニュースを読むアナウンサーの口から「テラ銭」という言葉が飛び出すことがある。

テラ銭は、その場所の借賃として儲け

の一部を貸元か席主に支払うものだが、この「テラ」とはお寺の「テラ」で、寺銭という意味である。

　お寺と博打は相容れないような気もするが、江戸時代、サイコロの丁半博打をする場所は大名屋敷の中間（ちゆうげん）部屋か、お寺と相場は決まっていた。

　江戸時代にも博打はご法度だったから、町奉行の権限が及ばない場所ということで、賭場を開帳したわけである。お寺のほうも、見て見ぬフリをするだけで収入が得られるのだから、これほど好都合なことはない。「寺金」と称して実入りを増やしていたのだ。

　その名残で、博打の開催場所がどこであろうと、賭場を開帳したあがりの金を「テラ銭」と呼ぶ慣習が続いている。

一か八か——賭博用語からきた言葉だが…

　運を天にまかせて思いきってやってみよう、というときに使う「一か八か」。この語源が賭博場（とばくじょう）にちなんだものであることは明らかだが、それが具体的に何に由来するかは見解が分かれている。

　カルタ博打の「一か八か釈迦十か」という言葉に語源を求めるものもあれば、サイコロ賭博「丁か半（半）か」の字の上の部分をとって「一か八か」としたとする説もある。

　また、一の目が出るか否かの「一か罰か」が転訛したものという説もある。

　ともあれ、今は賭博場に限らず、ありとあらゆる場所で使われている語だ。

買って出る――権利を買ってメンバーを交替させたことから

「今回の飲み会の幹事はボクがやります」というように、自分から進んで引き受けることを「買って出る」という。

では、もとは何を買って出ていたのだろうか？

かつて、花札を4人以上で勝負するとき、自分がどうしてもそこに参加したい場合は、権利を「買って」メンバーを代わってもらうしくみになっていた。

悪くいえば、お金の力で一人のメンバーをゲームから引きずり降ろし、自分がいい思いをしたのである。そこから「買って出る」という言葉が生まれ、一般にも使われるようになった。

引けを取る――戦場で退却するときの「引け」だった

「引けを取る」は、引け目や駆け引きの「引き」と同じ語源で、人よりも劣る、負けるなどの気持ちを表す。

この「ひけ」は、戦いの場で戦況不利になり、「引け（退け）」と指示したことが語源になっている。そこから、人に後れをとることや、勝負に負けることを「引けを取る」というようになった。

この言葉は否定形で用いられることが多い。「引けを取らない」となれば、当然意味も逆転し、周りに比べて優れている、見劣りしないというふうに変わる。

なお、語源については、取引用語の「大引け」からきたとする説もある。売買で価格の減ずるところから、負ける、劣るの意になったという。

億劫（おっくう）——とてつもなく長〜い時間の単位

面倒くさくてやる気が出ないとき「億劫」という。だが、本来は「おくこう」と読む。「劫（こう）」は梵語カルパ（kalpa）の音写語「劫波（こうは）」の略で、仏教で説かれるきわめて長い時間の単位を表す。

一劫とは宇宙が成立し、存続し、破壊され、やがて無と化すまでの一連の時期をいう。

どれほど長い時間かというと、40里の石山に100年に一度天人が降りてきて、その石山の表面を衣の袖でひと撫ですることを繰り返し、石山が擦り切れてしまうまでの時間だという。

それが億劫ともなれば、それこそ気の遠くなるような長い時間。『法華経』では、仏は億劫に一度会えると説いている。

それほど仏道修行は困難ということだが、そこから「なんと億劫なことか（なんと長い時間がかかることか）」と、うんざりする、面倒だという意味になった。

珍しい——目と関連のある言葉だった

「珍しい」は、めったにないという意味だが、使う頻度は高い。現在は「めずらしい」に「珍」の字を当てているが、もとは「めでたし」などと同源の「目連し」からきており、目と関連がある。

さて「めずらしい」は、単に稀（まれ）というだけではなく、自分にとっては目新しく、いつまでも見飽きないという好感の気持ちなどを表す。

そこから普通と違っていて稀にしか見られないことや、貴重な物をいうようになった。

あんばい——これが悪いとうまくないわけ

料理の味を「いいあんばいだね」と褒(ほ)められると、自信がつくもの。

「あんばい」は「塩梅」と書き、もとは「えんばい」と読んでいた。塩は調味料のことで、梅は梅酢のことである。

塩と梅酢でほどよく味つけをすることが本来の「えんばい」だったが、それが料理の味加減の意味になり、さらに転じて物事の程合い、とくに体の具合を指すようになる。読み方も、いつしか「あんばい」に変わったのだという。

とかく「体のあんばいが悪い」と嘆く人の多い現在、見直すべきは、塩と酢のころあいである。減塩とアルカリ性食品の適度な摂取を心がけるといい。

傍若無人(ぼうじゃくぶじん)——男同士の固い友情から生まれた言葉

他人のことなど眼中になく好き勝手に振る舞うことを「傍若無人」という。その語源は『史記』（刺客伝）にある。

衛の荊軻は、のちに秦の始皇帝を狙う刺客となるが、若いころは諸国を漫遊していた。彼は燕の街で筑（琴に似た楽器）の名手・高漸離と出会い、意気投合する。

二人はよく酒を飲み、酔いが回ると、高漸離の筑の音に合わせて市中を歌い歩いた。そして感極まれば、傍らに人がいないかのように抱き合って泣いた。原文の最後は「已にして相泣きて傍らに人無きものの若し」となっている。

結局、荊軻はこの後、始皇帝を殺そうとしたが果たせず斬死を遂げる。高漸離もまた、始皇帝を狙ったが不首尾に終わり、殺された。

歴史的に見れば、始皇帝こそが傍若無人の最たるものではないかと思えるのだが……。

エチケット——もとは礼儀作法という意味ではなかった

外国から帰ると、日本には「エチケットを守りましょう」的な貼り紙が目につく。もっとマナーを守れと喚起しているのだろうが、語源からすれば「貼り紙を守りましょう」になりかねない。

「エチケット（etiquette）」はフランス語で貼り紙、札などを意味し、「チケット（ticket）」と語源が同じ言葉だった。

ではなぜ、貼り紙や札が礼儀作法という意味になったのか？

時はフランス革命前のルイ王朝。ベルサイユ宮殿の壁には宮廷の作法を記した掲示があり、訪問者はその注意書き通りに振る舞った。

この壁の掲示が本来の「エチケット」なのだが、しだいに仰々しいものになり、貴族が宮殿に伺候する際に心得るべき義務的な礼儀作法に変わっていった。

それがいつしか、庶民の間にも礼儀作法として広まり、並行して「エチケット」と「チケット」も別々の言葉として使われるようになったという。

軍手 ── 軍隊との深〜い関係とは？

形、色、材質、用途によって、いろいろな種類がある手袋の中で、最も安価で、誰の手にも合うのが軍手だろう。

色は主に白、左右の区別はなく、大きさも一定。これが集団向きの手袋であることは誰にでもわかる。補充するにも、じつに便利そうだ。

その名からもわかるように、軍手は、もとは軍隊用の手袋だった。寒冷地を戦場とした日露戦争の際、兵士に支給するために考案されたもので、日露戦争後、一般にも使われるようになった。

以降は平和利用され、土いじりや荷物の運搬など、日常生活での力仕事に欠かせないものとなっている。

スキー ── その語源はラテン語の「裂く」だった

スキーはもともと、雪原でトナカイなどの野獣を狩るために利用されていたようだ。スウェーデンの石器時代の遺跡からは、約2500年前のスキーの遺物が発見されている。

ただ、その起源や発祥地は、諸説あってよくわかっていない。

それに比べ、語源のほうははっきりしている。「裂く」を意味する「スキンデーレ（scindere）」というラテン語だ。

大昔は、今のように板の形などにこだわらなかった。固い木を裂いて、1枚の板と1本のストックを調達していたのだ。

このスキーが近代的な形で発達するのは、16世紀に北欧やロシアで軍隊の交通手段として利用されるようになってからのこと。スポーツとして一般に広がったのは、19世紀に入ってからである。

アラカルト——カルトはカルテでありカルタである

アラカルトは、フランス料理では、客の好みに応じて一皿ずつ出てくる「一品料理」を指す。

フランス語では「a la carte」と綴り、「献立表によって」という意味をもつ。コース料理ではなく、「献立表からお客様のお好みでどうぞ」という意味合いから、転じて「一品料理」を指すようになったという。

さて、この「carte」という語は、案外日本人にもなじみ深い。もともと「紙」という意味があり、ドイツ語ではカルテと発音する。

そう、医師が患者の病状やその経過を記す用紙のカルテである。また、カルタ遊びのカルタも、語源は「carte」と一緒である。ポルトガルでは、紙のことをカルタというのだ。

◉左記の文献等を参考にさせていただきました――

「角川外来語辞典」荒川惣兵衛、「角川漢和中辞典」、「中国故事成語辞典」、「外来語の語源」吉沢典男・石綿敏雄、「ことばの豆事典」三井銀行ことばの豆事典編集室編、「女へんの漢字」藤堂明保（角川書店）／「漢和大辞典」藤堂明保編（学習プラス）／「世界大百科辞典」、「たべもの史話」鈴木晋一（平凡社）／「日本史辞典」（教研出版）／「大辞林」松村明編、「何でもわかることばの百科事典」平井昌夫、「コンサイス日本地名事典」、「新版広辞林」金澤庄三郎編（三省堂）／「ベルリッツの世界言葉百科」チャールズ・ベルリッツ著・中村保男訳、「ことばの歳時記」金田一春彦、「おもしろ奇語辞典」萩野朴（新潮社）／「ことわざ大辞典」（小学館）／「食ことわざ百科」永山久夫、「日本故事物語」池田弥三郎、「語源散策」岩淵悦太郎、「語源のたのしみ㈠～㈤」岩淵悦太郎（河出書房新社）／「事物起源辞典衣食住編」朝倉治彦他編、「語源大辞典」堀井令以知編（東京堂出版）／「新漢和辞典」諸橋轍次他著、「語源博物誌正・続」山中襄太（大修館書店）／「舶来語・古典語典」楳垣実（東峰出版）／「暮しの中の語源事典」故事ことわざ研究会編（昭和出版社）／「語源ものしり事典」樋口清之監修、「中国の故事・名言ものしり辞典」村松暎、「古語おもしろ辞典」金田一春彦他著（大和出版）／「語源なるほどそうだったのか！」興津要、「『宛字』の語源辞典」杉本つとむ（日本実業出版社）／「広辞苑」新村出編、「読書こぼればなし」淮陰生（岩波書店）／「日本食物文化の起源」安達巖著（自由国民社）／「ことばのカルテ」吉田金彦、『語源随筆・猫も杓子も』「語源随筆・江戸のかたきを長崎で」楳垣実（創拓社）／「現代世相語辞典」榊原昭二（柏書房）／「ことばの四季報」稲垣良彦（中央公論新社）／「がくがく辞典」増原良彦、「ことばの博物誌」金田一春彦（文藝春秋）／「芸能語源散策」小池章太郎、「動物名の由来」中村浩（東京書籍）／「漢字の知恵」遠藤哲夫、「日本語の変遷」金田一京助、「日本語の常識大百科」池田弥三郎編、「語源をつきとめる」堀井令以知、「敬語を使いこなす」野本菊雄、「シェルブック世界最初事典」パトリック・ロバートソン著・大出健訳、「漢字遊び」山本昌弘、「ことばの事典」日置昌一他編、「日本語の履歴書」井口樹生、「日本語をみがく小辞典」森田良行、「大事典」、「日本語大辞典」（講談社）／「頭のよすぎる日本人」武光誠（同文書院）／「語源をさぐる」新村出（旺文社）／「漢字おもしろ教養読本」板坂元（文化創作出版）／「ことわざに強くなる本」村松暎、「続漢字に強くなる本」村松暎（日本経済通信社）／「どこかおかしい慶弔語」吉沢典男（ゴマ書房）／「漢字に強くなる本」村松暎（かんき出版）／「日常語面白事典」和田利政（主婦と生活社）／「江戸ものしり475の考証」稲垣史生（ロングセラーズ）／「禅語百選」松原泰道（祥伝社）／「故事熟語辞典」（日本文芸社）／「語源オン・ザ・デスク」日本社編（日本社）／「隠語の世界」渡辺友左（南雲堂）／「日本語ものしり百科」久世善男（新人物往来社）／「料理名由来考」志の島忠・浪川寛治（三一書房）／「たべもの語源考」平野雅章（雄山閣）／「食べもの歴史ばなし」石井郁子（柴田書店）／「日本人は何を食べてきたか」神崎宣武（大月書店）／「ことばの履歴書」杉山つとむ（社会思想社）／「ことばの紳士録」松村明（朝日新聞社）／「にっぽん語源考」永野賢（明治書院）

KAWADE
夢文庫

語源501
意外すぎる由来の日本語

二〇二二年六月三〇日　初版発行

著　者…………日本語倶楽部［編］

企画・編集……夢の設計社
東京都新宿区山吹町二六一〒162-0801
☎〇三―三二六七―七八五一（編集）

発行者…………小野寺優

発行所…………河出書房新社
東京都渋谷区千駄ヶ谷二―三二―二〒151-0051
☎〇三―三四〇四―一二〇一（営業）
https://www.kawade.co.jp/

装　幀…………こやまたかこ

印刷・製本……中央精版印刷株式会社

DTP…………アルファヴィル

Printed in Japan ISBN978-4-309-48585-0